本书受到内蒙古自治区自然基金面上项目"二胎生育群体瞄准及生育激励策略研究"（2020MS07017）、内蒙古自治区第十二批"草原英才"计划支持

国家社科基金铸牢中华民族共同体意识研究专项重大课题"习近平总书记关于铸牢中华民族共同体意识的重要论述及内蒙古的实践路径研究"（21VMZ003）等项目的资助

受到内蒙古自治区人口战略研究创新平台建设和内蒙古自治区高校青年科技人才发展计划的支持（NJYT22096）

呼包鄂乌城市群人口就近城镇化研究

A Study on the Nearby Urbanization of Population in Hu-Bao-O-U Urban Agglomeration

薛继亮 等著

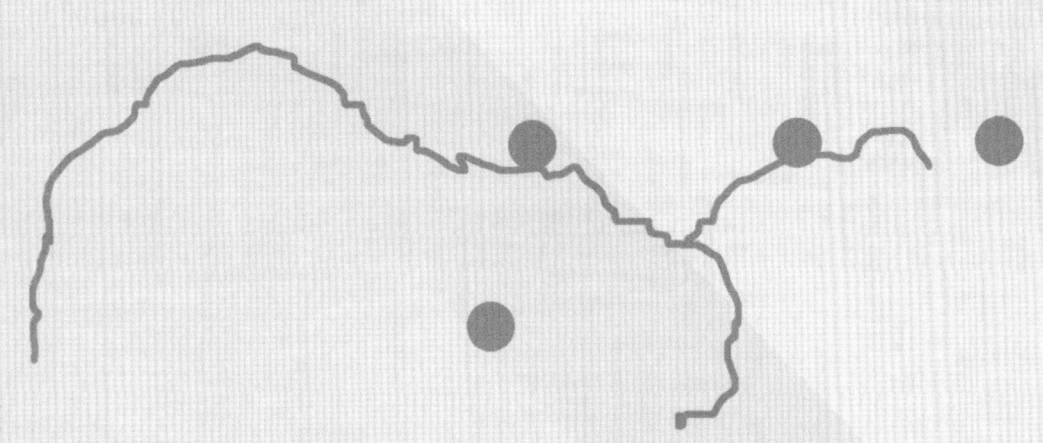

中国社会科学出版社

图书在版编目（CIP）数据

呼包鄂乌城市群人口就近城镇化研究/薛继亮等著. —北京：中国社会科学出版社，2023.5
ISBN 978-7-5227-2159-0

Ⅰ.①呼… Ⅱ.①薛… Ⅲ.①城市群—研究—中国 ②城市化—研究—中国 Ⅳ.①F299.21

中国国家版本馆CIP数据核字（2023）第119002号

出版人	赵剑英
责任编辑	王 衡
责任校对	朱妍洁
责任印制	王 超

出 版	中国社会科学出版社
社 址	北京鼓楼西大街甲158号
邮 编	100720
网 址	http://www.csspw.cn
发行部	010-84083685
门市部	010-84029450
经 销	新华书店及其他书店

印刷装订	三河市华骏印务包装有限公司
版 次	2023年5月第1版
印 次	2023年5月第1次印刷

开 本	710×1000 1/16
印 张	12.5
插 页	2
字 数	165千字
定 价	68.00元

凡购买中国社会科学出版社图书，如有质量问题请与本社营销中心联系调换
电话：010-84083683
版权所有　侵权必究

前　言

呼包鄂乌城市群地处内蒙古中西部，行政区域土地面积18.6万平方公里，占全区的15.70%。城市群辖37个县级行政单位，其中行政区13个，行政旗县24个。2020年，呼包鄂乌城市群常住人口1001.5万人，占全区总人数的41.60%，常住人口城镇化率达77.39%。其中呼和浩特市常住人口城镇化率为79.15%，包头市为86.16%，鄂尔多斯市为77.45%，乌兰察布市较低为59.70%。呼包鄂乌城市群的发展对内蒙古经济的发展产生重要影响，本书使用历年《内蒙古统计年鉴》、各盟市统计年鉴与全国人口普查等数据来研究呼包鄂乌城市群人口就近城镇化。

通过本书的研究，发现以下几点。第一，呼包鄂乌城市群内部常住人口变化程度微弱，然而各市城镇化发展程度却出现极不均衡现象。第二，呼包鄂乌城市群中心城区人口增长率逐年放缓，城市群人口迁出率的波动程度基本一致。第三，人均收入水平、经济发展水平等因素均对人口就近城镇化产生影响，公共服务、医疗水平的发展均有利于就近城镇化水平的提升。第四，相同因素对不同地区的影响存在异质性，呼和浩特市就近城镇化水平主要受经济因素、教育因素及就业因素的影响；而包头市经济因素、贸易因素及就业因素是影响其城镇化率的主要因素。第五，呼包鄂乌城市群中心城区的城镇化发展抑制就近城镇化发展。第六，呼包鄂乌城市群就近城镇化地区人口空心化程度较轻，个别旗县存在人口空心化问题。第七，呼包鄂乌城市群就近城镇化应走"村企合建"的发展路线，鼓励大型企业投资乡镇经济组织，促进乡镇经济水平的提升。

  本书提出以下对策与建议。一是强化就业产业支撑，产业的良好发展是实现就近城镇化的重要途径。二是合理配置公共服务资源，加强基础设施建设，提高综合承载力，资源均衡利用，吸引农民就近城镇化。三是转变建设方向，提高收入水平并且创造更多的就业岗位，将小城镇建设视作一项全局性、系统性、协调性的工作。四是加大财政的倾斜力度，鼓励地方资金与政府资金等多渠道融资，加快完善财税体制创新，进一步深化税制改革。五是以可持续发展为导向，重视生态文明，促进生态文明发展与就近城镇化发展的协调推进等。

Preface

Hohhot, Baotou, Ordos and Wulanchabu urban agglomeration is located in the central and western part of Inner Mongolia, with an administrative area of 186000 square kilometers, accounting for 15.7% of the whole region. There are 37 county – level administrative units under the jurisdiction of the urban agglomeration, including 13 administrative districts and 24 administrative flag counties. In 2020, the resident population of Hohhot, Baotou, Ordos and Wulanchabu urban agglomeration was 10.015 million, accounting for 41.6% of the total population in the District, and the urbanization rate of the resident population reached 77.39%. Among them, the urbanization rate of permanent residents in Hohhot city is 79.15%, that in Baotou city is 86.16%, that in Ordos city is 77.45%, and that in Wulanchabu city is 59.7%. The development of Hohhot, Baotou, Ordos and Wulanchabu urban agglomeration has an important impact on the economic development of Inner Mongolia. This book uses *the Statistical Yearbook of Inner Mongolia*, the statistical yearbook of each league and city and the national census data to study the population urbanization of Hohhot, Baotou, Ordos and Wulanchabu urban agglomeration.

Through the study of this book, the following points are found: (1) The change degree of the resident population in Hohhot, Baotou, Ordos and Wulanchabu urban agglomeration is weak, but the urbanization development degree of each city is extremely unbalanced. (2) The population growth rate of the central urban area of Hohhot, Baotou, Ordos and Wulanchabu urban agglomeration has slowed down year by year, and the fluctuation degree of the population migration rate of the urban agglomeration is basically the same. (3) The per capita income level, economic development level and other factors have an impact on the nearby urbanization of the population. The development of public services and medical care is conducive to the improvement of the nearby urbanization level. (4) The impact of the same factors on different regions is heterogeneous. The urbanization level of Hohhot is mainly affected by economic factors, educational factors and employment factors; Economic factors, trade factors and employment factors are the main factors affecting the urbanization rate of Baotou city. (5) The urbanization development in the central urban area of Hohhot, Baotou, Ordos and Wulanchabu urban agglomeration inhibits the development of nearby urbanization. (6) The degree of population hollowing out in the nearby urbanization areas of Hohhot, Baotou, Ordos and Wulanchabu urban agglomeration is relatively low, and there is a problem of population hollowing out in some counties. (7) The development route of "joint construction of villages and enterprises" should be followed in the urbanization of Hohhot, Baotou, Ordos and Wulanchabu urban agglomeration, and large enterprises should be encouraged to invest in township economic organizations, which is conducive to the improvement of economic level.

This book puts forward the following countermeasures and suggestions:

(1) Strengthening the support of employment industry, and the good development of industry is an important way to realize the urbanization of nearby cities. (2) Rationally allocate public service resources. We will strengthen infrastructure construction, improve comprehensive carrying capacity, make balanced use of resources and attract farmers to the nearby urbanization. (3) Change the direction of construction, improve the income level and create more jobs, and regard the construction of small towns as a comprehensive, systematic and coordinated work. (4) We will increase fiscal support, encourage multi – channel financing from local funds and government funds, accelerate the innovation of the fiscal and taxation system, and further deepen the reform of the tax system. (5) Take sustainable development as the guide, attach importance to ecological civilization, and promote the coordinated development of ecological civilization and the development of nearby urbanization.

目　录

第一章　绪论 … 1
- 一　研究背景 … 1
- 二　研究对象与内容 … 2
- 三　人口就近城镇化有关文献综述 … 3
- 四　研究目的与研究意义 … 19
- 五　技术路线 … 20

第二章　呼包鄂乌城市群人口就近城镇化的空间演化 … 22
- 一　呼包鄂乌城市群概况 … 22
- 二　呼包鄂乌城市群就近城镇化率测度 … 35
- 三　呼包鄂乌城市群就近城镇化演变特征 … 36
- 四　小结 … 43

第三章　呼包鄂乌城市群人口就近城镇化的影响因素 … 45
- 一　呼包鄂乌城市群人口就近城镇化发展情况分析 … 46
- 二　经济发展水平对呼包鄂乌人口就近城镇化的影响 … 64

  三　社会保障水平对呼包鄂乌人口就近城镇化的影响 ………… 69
  四　小结 …………………………………………………… 74

第四章　呼包鄂乌城市群人口就近城镇化小城镇空心化问题 ……… 76
  一　呼包鄂乌人口就近城镇化小城镇空心化现状分析 ………… 76
  二　小城镇空心化对居民消费的影响 …………………………… 88
  三　小城镇空心化对产业发展的影响 …………………………… 92
  四　小城镇空心化对社会保障的影响 …………………………… 98
  五　小结 …………………………………………………… 102

第五章　呼包鄂乌城市群人口就近城镇化影响因素及
    异质性分析 ………………………………………………… 104
  一　呼包鄂乌人口就近城镇化水平测度 ………………………… 105
  二　呼包鄂乌人口就近城镇化的影响因素分析 ………………… 111
  三　呼包鄂乌人口就近城镇化的异质性分析 …………………… 119
  四　小结 …………………………………………………… 125

第六章　呼包鄂乌城市群人口就近城镇化的路径选择 …………… 127
  一　就近城镇化路径选择的理论基础 …………………………… 127
  二　其他城市群人口就近城镇化的路径选择 …………………… 128
  三　呼包鄂乌城市群人口就近城镇化的路径分析 ……………… 137
  四　小结 …………………………………………………… 160

第七章　呼包鄂乌城市群就近城镇化的措施 ……………………… 163
  一　强化产业就业支撑 …………………………………………… 167

二 合理配置公共服务资源 …………………………………… 169
三 小城镇"空心化"问题化解对策 …………………………… 171
四 独具特色的新型城镇化道路 ……………………………… 174
五 其他对策建议 ……………………………………………… 175

致　谢 ………………………………………………………………… 179

参考文献 ……………………………………………………………… 181

第一章 绪论

一 研究背景

2022年4月颁布的《中共中央、国务院关于加快建设全国统一大市场的意见》和2022年5月中共中央办公厅、国务院办公厅印发的《关于推进以县城为重要载体的城镇化建设的意见》两份文件都与我国县城与就近城镇化发展密切相关。随着我国改革发展的深入，由二元经济发展导致的人口红利已逐渐消失，在社会经济发展模式的转型期，人口就近城镇化无疑是挖掘后人口红利的最优解。

就近城镇化是指农业转移人口在就近小镇或城市实现城镇化。由于工业与服务业的发展，大量农村人口已流入城市，我国的城市发展呈现东多西少、南多北少、分布稀疏的特点。城市化发展的两个极端同时出现，部分特大城市的人口已接近饱和，继续接收流入人口将增大城市负荷；而部分地区的城市化水平发展极低。就近城镇化的发展可以缓解我国城市化水平发展中存在的问题并进一步提升我国的城市化水平，就近城镇化作为农村和城市的枢纽，拉进了农村与城市的距离，有利于发挥中心城市带动中小城市发展的作用。改善城市环境、加强城镇化建设、提升广大居民的生活质量是实现乡村振兴的必由之路，也是提升人民福祉的必然选择。内蒙古地处我国北方，内蒙古整体的城市化水平低于我国中东部地区，呼包鄂乌城市群是内蒙古城市群的代表，呼包鄂乌地区的人口就近化发展将进一步提升呼包鄂乌地区的城市化发展水平。

二 研究对象与内容

本书使用历年《内蒙古统计年鉴》、各盟市统计年鉴与全国人口普查等数据来研究呼和浩特市、包头市、鄂尔多斯市与乌兰察布市的人口就近城镇化发展情况，通过数据的处理详细分析了呼包鄂乌城市群各小镇与城市郊区的就近城镇化问题。本书的主要研究内容如下。

一是呼包鄂乌就近城镇化地区的人口规模、人口结构和人口质量的时空特征和演化。从小镇和郊区层面论证呼包鄂乌就近城镇化地区人口规模、人口结构和人口质量的时空特征，分析呼包鄂乌就近城镇化地区人口规模、人口结构和人口质量的演化和发展变化趋势。在此基础上分析就近城镇化的发展现状与人口流动现状。

二是运用计量模型对呼包鄂乌人口就近城镇化的影响因素和空心化问题进行研究。研究影响呼包鄂乌就近城镇化的因素及小镇城市的人口空心化问题，随后研究各因素对不同地区影响的一致性与异质性。

三是研究呼包鄂乌就近城镇化的路径。通过对已有文献的研究和梳理，分析我国不同地区就近城镇化的实现路径，随后对呼包鄂乌地区人口就近城镇化的路径选择提供建议。比如应借鉴北京市的农业集成商模式和苏南模式走"村企合建"的发展路线，鼓励大型企业投资乡镇经济组织等。

四是对呼包鄂乌就近城镇化水平提供对策与建议。通过本书的分析与研究，对呼包鄂乌人口就近城镇化提出综合、全面的对策与建议。

三 人口就近城镇化有关文献综述

(一) 城镇化的有关研究综述

随着工业革命的兴起,世界各国农村城镇化建设也如火如荼地进行,城镇化的建设改变了世界农业化的传统风貌。19世纪60年代,西班牙工程师Sedra最早使用城镇化一词,随着工业化进程的加快,学者对城镇化的研究也越来越深入,就近城镇化的研究起源于城镇化的研究。

随着城市化的发展,学者开始对不同国家的城镇化进行研究,对城镇化发展过程中的作用和问题进行探究。Henderson对发展中国家的城市化进行研究发现,19世纪发展中国家的快速城镇化伴随着城市人口过度集中的问题。在城市化初期需要一定的城市集中以减少区域间和区域内的基础设施建设支出,但随着城市化的成熟,经济活动愈发分散,标准化制造、生产往往分散到中小城市。大城市侧重于服务、研发和非标准化制造,过度集中的成本源于超大城市的庞大规模和欠发达的城市。[1] Henderson认为,城市化是促进经济增长的有利方式,城市化是一种经济的空间转型,人口通过迁移从以前的农业、农村为基础的存在转移到在数量和规模更大的城市中进行生产。管理土地市场、产权、地方政府自治和地方融资的制度会影响城市形成过程和城市规模以及国家政府有关贸易的政策,劳工政策和国家对通信和运输基础设施的投资影响着城市系统的形态。[2] Zhang根据人口趋势对全球城市化进程的前景

---

[1] Henderson J. V., "Urbanization in Developing Countries", *The World Bank Research Observer*, Vol. 17, No. 1, 2002, pp. 89–112.

[2] Henderson J. V., "Urbanization and Growth", *Handbook of Economic Growth*, Vol. 1, 2005, pp. 1543–1591.

进行预测和分析。研究发现，如果按照原有的模式继续发展，2030年世界人口将增加到80亿，人口的扩张将对城市化的环境和发展产生影响，将使城市化的发展面临巨大挑战，这种情况将在21世纪中叶开始发生改变。[1] 陆铭和陈钊基于中国省际面板数据研究中国的城市化和城市化倾向的经济政策对城乡收入差距的影响，研究发现城市化水平与城乡收入差距负相关，城市化水平的提升可显著降低城乡收入水平的差异。户籍制度、经济开放水平与政府政策等因素都是影响研究结果的因素。[2] 陈明星等构建新型评价体系对中国城市化水平进行综合测度与动力因子分析，研究发现中国城市化水平持续提高，经济增长和地区景观的变化是城市化发展的主要体现，各城市发展中的医疗水平存在差异，中国城市化的发展是内生的发展过程而不是外生的发展过程。[3]

陈斌开和林毅夫对中国的发展战略、城市化和城乡收入差距进行研究，发现城市化滞后、城乡收入差距持续扩大是因为政府鼓励资本密集型产业优先发展的战略导致的，这延缓了中国的城市化进程，中国的收入差距呈现先下降后上升的"U"形曲线变化趋势。[4] 林伯强和刘希颖对中国城市化导致的碳排放情况进行研究，发现中国的碳排放压力较大，城市化的发展提高了我国碳排放的刚性要求，因此制定减排政策迫在眉睫，要改善能源结构、降低能源强度来保障城市化的发展不对环境造成影响。[5] 王小鲁对中国城市化路径与城市规模进行分析，发现我

---

[1] Zhang W. J., "A Forecast Analysis on World Population and Urbanization Process", *Environment, Development and Sustainability*, Vol. 10, No. 6, 2008, pp. 717–730.

[2] 陆铭、陈钊：《城市化、城市倾向的经济政策与城乡收入差距》，《经济研究》2004年第6期。

[3] 陈明星、陆大道、张华：《中国城市化水平的综合测度及其动力因子分析》，《地理学报》2009年第4期。

[4] 陈斌开、林毅夫：《发展战略、城市化与中国城乡收入差距》，《中国社会科学》2013年第4期。

[5] 林伯强、刘希颖：《中国城市化阶段的碳排放：影响因素和减排策略》，《经济研究》2010年第8期。

国目前百万级以上的大城市较少，市场的合理调节有利于提高我国的城市化发展水平。我国的城市化水平与小城镇之间存在共生和互补的关系，在大城市辐射区内的小镇经济发展较好，而距离大城市较远的小城镇经济发展水平较差。① 叶裕民对中国城市化的质量进行研究，发现城市现代化包括经济、基础设施和人文三者共同的现代化，中国当前的城市化发展水平较低，大部分处于中等发展水平，中国城乡一体化水平较差，城乡二元结构较为明显，因此要进一步提高我国的城市化发展水平，提高城市化发展质量。② 闫小培等对中国城乡关系协调发展进行研究，发现中国城乡关系的发展存在问题，城中村发展的问题在于转制的问题，集体股份有限责任公司的管理以及村民未来发展方向的问题，这二者无法解决，城中村的城乡转化就不能顺利进行。③

随着城市化的发展，学者开始对城市化的内涵进行研究和解读，人是城市化发展的本质。在其他条件不变的情况下，城市中的常住人口数越多，城市化水平越容易提升，因此为了从劳动经济学的角度研究城市化发展，学者们从农民工市民化的角度研究城镇化的发展。

Chen 和 Li 研究了中国城市化进程中的农民工市民化问题，他们指出随着中国工业化的不断发展，加快城镇化进程、改变城镇化滞后局面，是重要任务之一。中国坚持走中国特色社会主义城镇化建设的关键是农民工的市民化，农民工市民化是现阶段中国城镇化建设的一项重要任务。④ Ong 研究公民身份在市场中的变化，公民身份的变化体现在市

---

① 王小鲁：《中国城市化路径与城市规模的经济学分析》，《经济研究》2010 年第 10 期。
② 叶裕民：《中国城市化质量研究》，《中国软科学》2001 年第 7 期。
③ 闫小培、魏立华、周锐波：《快速城市化地区城乡关系协调研究——以广州市"城中村"改造为例》，《城市规划》2004 年第 3 期。
④ Chen L., Li J., *The Study on Sitizenization of Migrant Workers in the Process of China's Urbanization*, Atlantis Press, 2013.

场、技术和人口流动所塑造的不断变化的场景中。当前的城镇化建设正超越无公民国籍的模式，在欧盟地区，不受监管的市场和移民流动对自由公民提出了挑战，因此特定的生活方式和社会环境对公民身份的影响较大，农村居民身份的改变对城市化的影响较大。[1] Wu 和 Xiao 研究农民工公民化对中国劳动力和资本市场影响的动态 CGE 模型及仿真分析，他们使用中国动态均衡一般模型估计农民工公民化政策的效果，发现劳动力市场供给变化会影响城乡劳动力就业率，优化城乡劳动力市场就业结构，劳动力要素市场的结构性变化将提高农民的实际工资水平，引起资本要素价格的相对上涨，使劳动力市场和资本要素市场在更高水平达到均衡。[2]

Carrasquillo 等通过健康保险研究公民身份和原国籍之间的差异，作者调查非美国公民以及居住在美国移民人数最多的 16 个国家的保险覆盖率，使用 1998 年全国人口调查数据发现在非公民中，43% 的儿童和 12% 的老人没有医疗保险，而非移民儿童和非移民老人的这一比例分别为 14% 和 1%。约 50% 的非公民全职工人有雇主赞助的保险，而非移民全职工人的这一比例为 81%。来自危地马拉、墨西哥、萨尔瓦多、海地、韩国和越南的移民最有可能没有保险。因此公民身份的差异对保险的覆盖产生影响，保险覆盖范围可能是影响公民身份发生变化的主要原因。[3] 我国的学者基于中国特殊的二元化经济结构，针对农民工市民化对城镇的影响进行了细致的研究，刘传江和程建林将中国农民工人口

---

[1] Ong A., "Mutations in Citizenship", *Theory, Culture & Society*, Vol. 23, No. 2-3, 2006, pp. 499-505.

[2] Wu Q., Xiao H., "Dynamic CGE Model and Simulation Analysis on the Impact of Citizenization of Rural Migrant Workers on the Labor and Capital Markets in China", *Discrete Dynamics in Nature and Society*, 2014.

[3] Carrasquillo O., Carrasquillo A. I., Shea S., "Health Insurance Coverage of Immigrants Living in the United States: Differences by Citizenship Status and Country of Origin", *American Journal of Public Health*, Vol. 90, No. 6, 2000, p. 917.

流动分为两个阶段，对比第一阶段和第二阶段农民工市民化进程，第二阶段意愿远高于第一阶段18.09%，第二阶段的农民工拥有更强烈的市民化欲望，农民工城镇化欲望的增加是促进农民工流入城市的主要动力，有利于促进城镇化水平的发展。[①] 张笑秋使用中国28个省份的样本数据研究人力资本对农民工市民化的影响，研究发现人力资本的提升有利于促进农民工市民化的发展，经验、健康水平等因素均可影响研究结论。[②] 石智雷等研究不稳定的就业形势对农民工市民化的影响，研究发现，随着全球人力资本的提升，劳动者就业的不稳定性因素增加，人口流动有助于缓解不稳定就业对农民的负向影响，不稳定的就业环境影响农民工内部的竞争程度，不利于农民工市民化的发展。[③]

人口流动或农民工的市民化对城市化发展的影响因素有限，随着经济的发展，学者逐渐意识到其他因素对城市化的发展也产生影响，因此国内外学者开始研究其他因素对城市化发展的影响。Williamson系统地研究了移民对城镇化的影响，他将城市与农村联系起来，研究城乡工资差距的规模和持续性对国民收入分配损失的影响，随后评估移民对其差距的反应程度。研究发现城乡收入差距的增加会对移民产生影响，移民主动流入工资收入较高的城市，会进一步加速城镇化的发展，并进一步加剧城乡之间的差距。[④] Nunn和Qian研究马铃薯种植适宜性的区域差异，以及马铃薯从美洲引入旧世界所产生的时间变化来估计马铃薯对旧世界人口和城市化的影响。研究发现，马铃薯的引入是18世纪和19世

[①] 刘传江、程建林：《第二代农民工市民化：现状分析与进程测度》，《人口研究》2008年第5期。

[②] 张笑秋：《新生代农民工人力资本与市民化研究——以新人力资本理论为视角》，《学海》2022年第4期。

[③] 石智雷、刘思辰、赵颖：《不稳定就业与农民工市民化悖论：基于劳动过程的视角》，《社会》2022年第1期。

[④] Williamson J. G., "Migration and Urbanization", *Handbook of Development Economics*, Vol. 1, 1988, pp. 425–465.

纪非洲人口增长和城市化的主要原因，马铃薯的引入对非洲城市化的发展产生影响。① Zhou 等发现，中国城市建成区快速发展，而城市群人口并没有同步增长，人口的城市化速度远小于土地扩张速度。因此使用超级松弛的措施来评估 2005—2015 年环渤海地区 47 个城市的生态效率。通过研究发现，人均 GDP 和外商直接投资对生态效率有正向影响，产业结构、城市化和人口城市化滞后对生态效率有负向影响。② 张松林等对中国城市便利性和城市化失衡进行研究，发现中国的户籍制度是影响城市发展便利性的重要原因，以土地出售为核心的土地财政制度强化了政府加强城市化发展水平的动机，城市化的便利性与人口城市化负相关。③ 王智勇研究人口流动对城市化的影响，发现人口流动与城市化的发展正相关，人口流动既促进了个人的发展也提升了城市化的发展，大城市为了更好地发展而采取积极的人才引进政策，积极参与城市化发展的小城镇可以享受此次城市化发展带来的红利。④

Martínez-Zarzoso 和 Maruotti 研究了 1975—2003 年发展中国家城市化对二氧化碳排放的影响。研究发现城市化与二氧化碳的排放之间存在倒"U"形曲线关系。⑤ Burak 等研究土耳其城市化和旅游对沿海环境的影响，发现土耳其的经济发展受到城市化的影响，基础设施不足的城市面临人口拥挤的问题，由于城市化的发展导致西部城市成为非法移民的定居点。酒店和二手房的发展对资源和环境产生了影响，旅游业的发

---

① Nunn N., Qian N., "The Potato's Contribution to Population and Urbanization: Evidence from a Historical Experiment", *The Quarterly Journal of Economics*, Vol. 126, No. 2, 2011, pp. 593–650.

② Zhou Y., Kong Y., Wang H., et al., "The Impact of Population Urbanization Lag on Eco-efficiency: A Panel Quantile Approach", *Journal of Cleaner Production*, Vol. 244, 2020, 118664.

③ 张松林、程瑶、郑好青等：《中国城市便利性对城市化失衡的影响研究》，《统计与信息论坛》2022 年第 7 期。

④ 王智勇：《当前人口流动的主要特征及对城市化的影响》，《人民论坛》2021 年第 17 期。

⑤ Martínez-Zarzoso I., Maruotti A., "The Impact of Urbanization on CO_2 Emissions: Evidence from Developing Countries", *Ecological Economics*, Vol. 70, No. 7, 2011, pp. 1344–1353.

展导致的过度开发加强了沿海含水层盐渍化，对资源环境造成了巨大影响，不利于农业的发展。① Liu 等发现，城市化直接推动了农村人口向城市迁移，并导致了中国人口由西向东迁移，这两种情况对中国的温室气体排放造成巨大影响，研究发现城市化水平提高导致人口密度增加，人口密度增加导致温室气体排放量增加，因此在城市化发展的同时要控制温室气体的排放。② 王佳研究地方政府竞争对城市化发展失衡的影响，发现地方政府的竞争导致城市产业结构的失衡与重复，导致人口滞后于城市化的发展，人口城市化滞后的失衡程度与竞争程度负相关，小城市倾向于与同省的政府进行竞争。③ 史茜研究了人口老龄化对城市化发展的影响，研究发现老龄化是阻碍城市化发展的重要因素，人口老龄化带来的劳动力短缺和社会保障的压力都降低了城市化的发展活力，抑制了城市化的发展。④

随着城市化的发展，城市群的规模效应也逐步显现，城市群发展对其他因素的交互影响愈发明显。城镇化的发展具有经济增长效应，Arouri 等研究城市化对非洲经济增长和人力资本的影响，研究发现，城市化水平的发展可显著促进当地的经济发展与人力资本水平的提升，因此非洲应积极投身于城市化水平的建设中。⑤ Turok 和 McGranahan 研究亚洲与非洲城市化与经济增长之间的关系，研究发现城市化与经济增长之间或城市规模与生产力之间没有简单的线性关系，城市化水平促进经济增长的潜力可能取决于基础设施和制度设置的有利程度，消除城乡流

---

① Burak S., Dogan E., Gazioglu C., "Impact of Urbanization and Tourism on Coastal Environment", *Ocean & Coastal Management*, Vol. 47, No. 9–10, 2004, pp. 515–527.

② Liu Y., Gao C., Lu Y., "The Impact of Urbanization on GHG Emissions in China: The Role of Population Density", *Journal of Cleaner Production*, Vol. 157, 2017, pp. 299–309.

③ 王佳：《地方政府竞争对城市化发展失衡的影响》，《城市问题》2017 年第 3 期。

④ 史茜：《浅析人口老龄化对城市化的不利影响》，《人民论坛》2012 年第 36 期。

⑤ Arouri M. E. H., Youssef A. B., Nguyen–Viet C., et al., *Effects of Urbanization on Economic Growth and Human Capital Formation in Africa*, 2014–09–25, https://shs.hal.science/halsh–01068271.

动障碍对促进经济增长有很大帮助。① Liang 和 Yang 研究城市化水平与经济增长和环境污染之间的关系，发现城市化通过物质资本、知识资本和人力资本的积累来促进经济增长；经济增长与城镇化是良性互动的；环境污染对城镇化的抑制作用显著；经济增长与环境污染之间、城市化与环境污染之间存在环境库兹涅茨倒"U"形曲线关系。② Gross 和 Ouyang 研究城市化与经济增长之间的关系，发现城市的经济增长源于不同的机制，不同的机制影响结果分为自然增长与剩余增长，虽然城市剩余增长与经济增长有关，但自然出生和死亡导致城市化则不然。③ 王卓和王璇基于 2000—2019 年省际面板数据研究川渝城市群城市化对产业发展的影响，发现川渝城市群城市化水平较低，但城市化水平的发展正促进城市群内部产业的发展，促使产业结构趋于合理化，城市化的发展还能有序引导人口流动。④

（二）人口就近城镇化有关研究综述

关于就近城镇化的研究国内外存在一定差异，国外没有明确提出就近城镇化的概念，但基于城乡人口流动、人口转移等相近的研究很丰富。国内有关就近城镇化的研究始于 1980 年，虽然开始较早但一直不能引发学者强烈关注，直到 2010 年以后我国关于就近城镇化的研究才开始丰富起来，向丽、曾鹏等人是我国研究就近城镇化的代表性人物。

曾鹏和向丽研究我国中西部地区人口就近城镇化的意愿，发现随着

---

① Turok I., McGranahan G., "Urbanization and Economic Growth: The Arguments and Evidence for Africa and Asia", *Environment and Urbanization*, Vol. 25, No. 2, 2013, pp. 465 – 482.

② Liang W., Yang M., "Urbanization, Economic Growth and Environmental Pollution: Evidence from China", *Sustainable Computing: Informatics and Systems*, Vol. 21, 2019, pp. 1 – 9.

③ Gross J., Ouyang Y., "Types of Urbanization and Economic Growth", *International Journal of Urban Sciences*, Vol. 25, No. 1, 2021, pp. 71 – 85.

④ 王卓、王璇：《川渝城市群城市化对产业结构转型的影响研究——基于京津冀、长三角、珠三角三大城市群的比较》，《西北人口》2021 年第 3 期。

时代的发展，我国中西部地区人口就近城镇化的意愿非常强烈，父代个体受到技术水平、户籍等影响较大，子代则受社会环境的影响较小，因此有关机构调整对策可以促进我国西部地区就近城镇化建设。① Fan 和 Xiang 研究中国中部流动人口短距离迁移并成为小城市居民的可能性，文章基于河南省农村地区调查问卷，从流动人口的个人、家庭、流出地区的特征出发，分析了流动人口的流动目的地特征及其选择流入小城市的影响因素。研究发现，农民工流入小城市的比例为整个样本的44.8%。与其他移民目的地相比，小城市最有前途。处于家庭扩张和稳定期的农民工更有可能短距离迁移（即迁移到小城市）；具有照顾老人和孩子的传统家庭角色的女性农民工更有可能进行短距离流动；同时，农民工更有可能从以农业为主的地区或非农就业较多的城市郊区进行短距离流动。② Setyono 等研究了爪哇中部地区城市化与人口就近城镇化的发展问题，研究发现爪哇中部的城市化进程以从农村发展为主转变为以城市化发展为主。小城镇的城市化为主要城市中心与其各自的农村腹地之间的平衡发展架起桥梁，就近城镇化的发展有利于促进农村地区的经济发展。③ 李强等对就近城镇化与就地城镇化问题进行研究，发现改革开放以来我国东部地区的发展呈现异地城镇化和人口向大城市聚集的特点，农民工与留守儿童现象比较明显，就近城镇化的发展亟待解决，就近城镇化的发展对中国的居民生活水平产生重大影响。④ 廖永伦发现，就近城镇化是在国内形势变化、中国经济面临挑战的背景下提出来的，

---

① 曾鹏、向丽：《中西部地区人口就近城镇化意愿的代际差异研究——城市融入视角》，《农业经济问题》2016 年第 2 期。

② Fan X., Xiang H., "The Migration Destination of Rural Labor and Nearby Urbanization of Small Cities: A Case Study of Henan Province, China", *Papers in Applied Geography*, Vol. 6, No. 2, 2020, pp. 85 – 100.

③ Setyono J. S., Yunus H. S., Giyarsih S. R., "The Spatial Pattern of Urbanization and Small Cities Development in Central Java: A Case Study of Semarang – Yogyakarta – Surakarta Region", *Geoplanning: Journal of Geomatics and Planning*, Vol. 3, No. 1, 2016, pp. 53 – 66.

④ 李强、陈振华、张莹：《就近城镇化与就地城镇化》，《广东社会科学》2015 年第 1 期。

新型城镇化是在传统城镇化的基础上发展起来的，就近城镇化存在诸多优势，是未来经济发展的主要模式。[1]

随着就近城镇化问题研究的深入，人们对就近城镇化课题关注的角度也逐渐发生变化，学者最初关注的是就地城镇化、新型城镇化和就近城镇化，随后学者又关注到就地就近城镇化、农业转移人口和异地城镇化，最终将人口就近城镇化问题归结到乡村振兴和中西部地区未来发展的战略高度。李强等对就近城镇化和就地城镇化进行对比研究，发现就地城镇化的发展模式对经济的促进作用更大，并且就地城镇化的发展可促进人口就近城镇化的发展，就地城镇化的发展可减轻就近城镇化所产生的制度障碍，也有利于农村地区良好发展。[2] 彭荣胜发现农村就近城镇化的意愿较为强烈，农民不愿放弃承包地是不落户的主要原因，因此应在充分尊重农民意愿的基础上促进就近城镇化的发展。[3] 王景全研究了我国中西部地区就近城镇化的发展，中西部地区的城市化水平程度较弱，要引导中西部地区农业转移人口就近城镇化，是强化产业支撑促进经济发展的重要举措。[4] 黄鹏进发现，我国就近城镇化水平显著加快，主要原因在于农民在自己所在地的县城买房并投入城市化的生活，这种模式被称为人口就近城镇化，人口就近城镇化相对于传统的农民外出而导致的城镇化而言是半城半乡的模式。[5] 闫世伟认为，就近城镇化是离土不离乡、就业不离家的新型城镇化模式，就近城镇化应促进户籍制度改革、优化住房改革模式、促进就业，把生态放在首位有利于人口就近

---

[1] 廖永伦：《就地就近城镇化：新型城镇化的现实路径选择》，《贵州社会科学》2015年第11期。

[2] 李强、陈振华、张莹：《就近城镇化与就地城镇化》，《广东社会科学》2015年第1期。

[3] 彭荣胜：《传统农区就地就近城镇化的农民意愿与路径选择研究》，《学习与实践》2016年第4期。

[4] 王景全：《中西部欠发达地区就近城镇化研究——以河南省民权县为例》，《中州学刊》2014年第11期。

[5] 黄鹏进：《"半城半乡"与农民的就近城镇化模式》，《治理研究》2019年第5期。

城镇化的发展。① 门丹和齐小兵研究如何让外出农民工回流至当地城镇以及如何使他们定居下来，回流农民就近城镇化选择有利于促进小镇的城市化发展。② 杨云善研究河南就近城镇化中的空心化问题，发现小镇存在人口空心化、企业聚集效应不足和城镇化乏力等问题，有关机构要抓住核心问题通过加强对人口的治理并采取适当的措施解决空心化问题。③ 郭玲发现传统的城镇化建设并不能改变务工人员的现状，人口就近城镇化是农业人口改善当前生活现状的最佳选择，可以培养新型农民，打造宜居生态环境，有利于实现人口高质量发展。④ 李强认为，城镇化的重点是以人为本，重视人在城市化发展过程中扮演的作用，土地城镇化、土地财政等政策不利于农村人口的生活和发展，因此要切实关注主动城镇化与被动城镇化之间的关系，要在多种模式下的城镇化建设中重视经济的发展和人们生活水平的提升。⑤

地域性迁移、行业迁移与职业迁移是劳动力流动的主要表现形式，其最终的目的就是通过迁移提升薪酬和发展空间。劳动力的迁移促进城镇化的发展，但随着人口红利的下降以及城镇化饱和程度的增加，次级城市的发展迎来了机遇，人口就近城镇化的发展不仅有利于经济的发展，还影响人口、环境、社会保障等诸多因素，因此学者从人口就近城镇化影响的角度进行研究。Abubakar 和 Dano 研究了尼日利亚人口就近城镇化面临的机遇与挑战，农村居民为寻求更好的生活条件和就业机会而迁移。就近城镇化面临的挑战包括因发展不充分而导致的失业和城市

---

① 闫世伟：《就近城镇化应把握的着力点》，《理论探索》2014 年第 4 期。
② 门丹、齐小兵：《回流农民工就近城镇化：比较优势与现实意义》，《经济学家》2017 年第 9 期。
③ 杨云善：《河南就近城镇化中的小城镇"空心化"风险及其化解》，《中州学刊》2017 年第 7 期。
④ 郭玲：《中国就近城镇化：基本内涵、存在问题与建设路径》，《改革与战略》2015 年第 11 期。
⑤ 李强：《主动城镇化与被动城镇化》，《西北师大学报》（社会科学版）2013 年第 6 期。

贫困、社会排斥和犯罪、住房和贫民窟、公共服务提供不足以及非正规部门的扩散。面临的机遇有经济的发展空间大、人口红利较高、产业发展空间较高。① Wirth 等研究德国和日本的城市发展外围化，发现就近城镇化地区常常被视为区域政策的盲区，不断需要政府政策扶持，否则经济一直保持低迷。他们发现德国和日本正经历城市发展外围化现象，体现为经济下滑趋势严重和城市原有功能丧失，他们认为这是新自由主义紧缩政策或凯恩斯主义的方法在过去没有产生积极影响的后果。② 袁倩文对陕西省就近城镇化进行研究，发现陕西省的就近城镇化水平不断提高，空间集聚水平愈发明显，就近城镇化水平受到大城市地理位置的影响因素较为严重，大城市辐射区所在的小镇就近城镇化发展水平较高，与中心城市距离较远的地区就近城镇化水平发展较弱。③ 韩愈研究社会质量对农业转移人口就近城镇化的影响，发现我国城镇化综合水平不高，农业转移人口较多的城市城镇化水平较低，自有住房情况、小区环境满意度、医疗机构数等因素都是影响就近城镇化发展的主要因素。④

韩秀丽等基于西部地区的调查数据样本对农业转移人口的就近城镇化影响因素进行研究，发现西部地区农业转移人口的个体因素对就近城镇化的影响程度最大，从事商贸意愿、营商环境等因素均对就近城镇

---

① Abubakar I. R., Dano U. L., "Socioeconomic Challenges and Opportunities of Urbanization in Nigeria", *Urbanization and Its Impact on Socio-economic Growth in Developing Regions*, 2018, pp. 219–240.
② Wirth P., Elis V., Müller B., et al., "Peripheralisation of Small Towns in Germany and Japan: Dealing with Economic Decline and Population Loss", *Journal of Rural Studies*, Vol. 47, 2016, pp. 62–75.
③ 袁倩文：《陕西省就近城镇化时空格局、影响因素与路径规划》，西北大学，硕士学位论文，2021 年。
④ 韩愈：《社会质量对农业转移人口就近城镇化意愿的影响研究》，大连理工大学，硕士学位论文，2019 年。

产生影响。① 李梦楠对徐州市就近城镇化问题进行研究，发现是否合理配置城乡公共服务资源、户籍改革制度是否完善、社会保障制度是否健全等因素均对就近城镇化程度产生影响。② 高永波和耿虹研究住房成本对就近城镇化的影响，发现户籍城镇化率较低是我国城市化水平发展较低的主要原因，农民的收入与当地房价的比值是影响就近城镇化的重要因素，购房成本较高、购房压力大是影响就近城镇化水平发展的主要因素。③ 向丽研究就业质量对人口就近城镇化的影响，发现当前农村人口就近城镇化的意愿较低，就业质量较差是导致人们意愿下降的主要原因，年龄、婚姻状况、学历水平等因素都对研究结论产生影响。④ 蔡洁和夏显力基于陕西省随机抽样调查数据对就近城镇化水平进行研究，发现农业转移人口对就近城镇化的响应程度较高，生活满意度、文化程度、城市化发展水平等因素都是影响城镇化发展的重要因素。⑤ 向丽对广西人口就近城镇化意愿的代际差异进行研究，发现就业质量对西部地区人口就近城镇化水平的影响程度最高，就近城镇化的意愿存在代际差异，子代更注重职业发展和社会保障制度，父辈更关注工作时长和工资收入水平。⑥ 周庆运对山区就近城镇化的发展进行研究，发现协同发展是破解山区就近城镇化的主要因素，扶贫开发与就近城镇化正相关，扶

---

① 韩秀丽、冯蛟、李鸣骥：《农业转移人口就近城镇化个体响应的影响因素》，《城市问题》2018 年第 8 期。
② 李梦楠：《就地就近城镇化现状、问题及对策研究》，南京工业大学，硕士学位论文，2018 年。
③ 高永波、耿虹：《住房成本对武汉郊区农民工就近城镇化的影响》，《持续发展 理性规划——2017 中国城市规划年会论文集（19）小城镇规划》，中国建筑工业出版社 2017 年版。
④ 向丽：《就业质量对农业转移人口就近城镇化意愿的影响》，《江苏农业科学》2017 年第 9 期。
⑤ 蔡洁、夏显力：《农业转移人口就近城镇化：个体响应与政策意蕴——基于陕西省 2055 个调查样本的实证分析》，《农业技术经济》2016 年第 10 期。
⑥ 向丽：《农业转移人口就近城镇化意愿的代际差异分析——基于就业质量视角》，《改革与战略》2017 年第 1 期。

贫开发水平的提升可促进山区就近城市化水平的发展。①

宏观意义上城市化发展的弊端已逐步显现，我国的城市群发展呈现出东部密集、西部稀疏的特点，城市群发展所带动的经济效益辐射范围有限。因此，在后现代化时代进一步挖掘就近城镇化是提升我国城市化水平的重要举措，是缓解我国城市化负向影响的重要手段。Terfa 等研究就近城镇化对景观结构的影响，文章使用埃塞俄比亚芬芬尼周围的奥罗米亚特区的六个城镇作为观测点。研究发现，所有城镇都经历了建成区加速增长和空间增长高度分散两个阶段，现阶段城市景观高度分散，自然土地覆盖严重丧失，所有城镇的农业植被斑块不连贯且复杂，表明总体规划缺乏严格执行。因此，要加强对中小城市的动态监测及环境保护。② Mughal 研究巴基斯坦的就近城镇化、土地与农业之间的关系，发现巴基斯坦旁遮普省大部分地区的农村城市化进程正在迅速推进。尽管农业仍然是巴基斯坦经济的支柱，但由于人口就近城镇化，许多农村人已经放弃农业从事不同的职业。③ Zhu 以福建省为例研究中国的就近城镇化，发现中国的城镇化进程可以通过农村地区的就地改造来实现。就地改造依靠农村的乡镇企业发展与外资流入，福建省在政府的推动下实施农村城镇化改造，不仅使农村地区受益和城市化，而且使许多农民留在了家乡，取代了农村向城市迁移和现有城市增长在城市化进程中的主导作用。④ 曹家宁研究了新型城镇化背景下我国西部地区农民工就近城镇化，发现就业渠道较少、户籍制度限制等问题是影响我国西部地区就

---

① 周庆运：《山区扶贫与就近城镇化协同发展研究》，浙江师范大学，硕士学位论文，2016 年。

② Terfa B. K.，Chen N.，Zhang X.，et al.，"Urbanization in Small Cities and Their Significant Implications on Landscape Structures: The Case in Ethiopia"，*Sustainability*，Vol. 12，No. 3，2020，p. 1235.

③ Mughal M. A. Z.，"Rural Urbanization, Land, and Agriculture in Pakistan"，*Asian Geographer*，Vol. 36，No. 1，2019，pp. 81 – 91.

④ Zhu Y.，"In Situ Urbanization in Rural China: Case Studies from Fujian Province"，*Development and Change*，Vol. 31，No. 2，2000，pp. 413 – 434.

近城镇化发展的主要原因。①

周爽研究就近城镇化过程中人们主观意愿的矛盾问题，就近城镇化行为实施后传统小农福利缩减、生活压力增加等问题是影响人口就近城镇化发展的主要问题，因此有关机构要针对问题提出更合理的对策以促进人口就近城镇化的发展。②罗茜和贺雪峰认为，就近城镇化具有新型中国特色城市化模式，结合中国的比较优势，人口就近城镇化可提升农村人口的生活水平，但未来我国就近城镇化的发展仍要保持以人为本的前提之下进行发展。③卢小君从社会质量的角度研究我国人口就近城镇化建设，发现就近城镇化人口的社会保障不足，就近城镇化人员对社会的信任程度不高，收入分配待遇不公现象明显，因此有关机构要着手解决就近城镇化的有关问题。④刘玉娟等认为，就近城镇化有利于聚集生产要素，但受制于市场红利消失与城镇化水平偏低等因素，就近城镇化的主要驱动力有财政、经济、产业与政策，需要进一步发挥利益的驱动作用，防止要素生产错配问题发生，进一步提升我国人口就近城镇化建设。⑤

随着对就近城镇化研究的深入，不同的学者对城镇化或就近城镇化率的衡量存在差异，后续逐渐统一，因此对城镇化率的衡量进行梳理。杜修立等使用常住人口占总人口的比重作为常住人口城镇化率的衡量指

---

① 曹家宁：《"一带一路"与新型城镇化双重背景下西部地区新生代农民工就近城镇化探讨》，《西部学刊》2019 年第 7 期。
② 周爽：《生产力困境与就近城镇化主观意愿的矛盾分析——以 L 庄为例的实证研究》，《生产力研究》2021 年第 3 期。
③ 罗茜、贺雪峰：《城郊农民就近城镇化的实践机制分析——基于南京市 H 镇的调研经验》，《湖北行政学院学报》2021 年第 5 期。
④ 卢小君：《社会质量视角下农业转移人口就近城镇化研究》，《山东行政学院学报》2022 年第 2 期。
⑤ 刘玉娟、王华华、张红阳：《就近城镇化中生产要素集聚的驱动力问题研究》，《经济问题》2022 年第 9 期。

标研究中国城镇化率变化的预期并对未来的城镇化率进行预测。[①] 赵瑞和祁春节从人口、土地、经济、就业四个角度衡量城镇化率，使用农村指标占总指标的比值作为农村城镇化率对应的衡量变量。文章系统研究了新型城镇化发展对农民的影响，发现城镇化对农民的影响既有正向的也有负向的，因此有关机构要合理调整城镇化有关政策，缓解城镇化对农民产生的负向影响。[②] 李冬梅和李庆海使用城镇常住人口的比值除以总人口的比值作为城镇化率的衡量变量，文章研究了人均受教育年限和城镇化、生产率红利之间的关系。研究发现，人均受教育年限的提升可促进地区经济水平的发展，经济水平的发展对城镇化的发展具有门槛效应。[③] 刘玮玮研究了户籍制度改革和农民土地转让对城镇化的影响，文章使用纯理论的范式度量城镇化率，通过计量经济学直接计算城镇化率的数值。[④] 金言从经济学理论上讨论城镇化率的提升等有关问题，认为我国继续提升供给侧结构性改革，继续坚持市场化、法制化将有利于我国城镇化水平的发展。[⑤] 徐亚东等使用城乡收入差距近似替代城镇化率的优劣，研究城镇化对中国居民消费水平的影响。研究发现城市化水平显著影响城乡居民的收入水平进而影响居民的消费水平，城镇居民的收入弹性大于农村居民，因此城市化的发展要关注城乡居民的消费水平，缓解城乡收入差距。[⑥]

[①] 杜修立、张昱昭：《中国城镇化率提升的动力分解与新发展阶段趋势预测——基于国际比较的一种新方法》，《统计研究》2022年第2期。

[②] 赵瑞、祁春节：《新型城镇化对农民收入的影响效应研究——基于30个省（市、自治区）面板数据的实证分析》，《中国农业资源与区划》2022年第2期。

[③] 李冬梅、李庆海：《平均受教育年限、城镇化率与生产率红利》，《中国特色社会主义研究》2021年第5期。

[④] 刘玮玮：《户籍改革、农地转让权与城镇化率——基于新经济地理学的研究》，《技术经济与管理研究》2021年第7期。

[⑤] 金言：《我国城镇化率的提升》，《中国金融》2021年第8期。

[⑥] 徐亚东、张应良、苏钟萍：《城乡收入差距、城镇化与中国居民消费》，《统计与决策》2021年第3期。

(三) 文献评述

通过对文献的梳理，对人口就近城镇化的研究有了进一步的了解。就近城镇化的研究始于对城市化的研究，就近城镇化是从更深的角度研究进一步促进城市化建设的重要课题。关于就近城镇化建设的学术研究起步较晚，国外学者并没有明确关于人口就近城镇化的研究，而是对相关课题进行研究，我国人口就近城镇化的研究始于20世纪80年代。人口就近城镇化研究初期并没有引起学术界的广泛重视，直到2010年后学术界才开始重点对人口就近城镇化问题进行研究。从发文量角度看，桂林理工大学旅游学院是就近城镇化有关文献发文最多的学校；从词频的角度看，对就近城镇化的研究主题也逐年变化。在就近城镇化研究的初始阶段，学术界重点关注的是就地城镇化、新型城镇化与就近城镇化，随后学界又关注就地就近城镇化与农业转移人口和异地城镇化，当前学者将就近城镇化与乡村振兴和中西部地区经济发展联系起来，开始研究就近城镇化在其中扮演的作用。关于就近城镇化的研究较多，但针对内蒙古地区的就近城镇化研究较少，尤其是针对呼包鄂乌城市群的人口就近城镇化研究更是少之又少，本书以内蒙古自治区呼包鄂乌城市群为主体研究人口就近城镇化，为内蒙古地区的经济发展、城市化建设提供理论参考。

四 研究目的与研究意义

人口流动对我国经济发展的边际效用正在减弱，我国不同城市群之间的经济发展存在差异，在后人口时代就近城镇化的发展是促进我国城市化水平进一步发展、缓解城市化发展中存在问题的主要方式。呼包鄂乌城市群是内蒙古自治区最大的城市群，城市群给内蒙古经济发展带来的效用不言而喻，但近年来石油价格上升、钢铁生产速度减缓、新冠疫情暴发等现实问题抑制了呼包鄂乌城市群进一步城镇化的发展。本书通过对呼包鄂乌人口就近城镇化问题的研究找到提升呼包鄂乌城市群城市化水平的对策，进一步促进呼包鄂乌城市群经济的发展，改善居民的生活水平。本书的研究意义如下。

第一，有助于丰富就近城镇化的研究。关于就近城镇化问题，学者们虽然进行了较为深入的研究，但是仍然存在着研究视角不够精细、研究范围不足等问题。大多数学者着力归结人口就近城镇化发展的内涵等而忽略了对人的研究，主要从城镇化的角度研究就近城镇化而不是以人为主，因此本书通过对呼包鄂乌人口就近城镇化的研究可以丰富就近城镇化的研究成果。

第二，有利于促进呼包鄂乌经济进一步发展。2010年以来呼包鄂乌城市群在全国的经济排名低于以往，房地产、皮革业不再能成为促进经济发展的持久动力，通过本书的研究可以寻找影响城市群发展的又一原因。通过对小镇、郊区的分析与研究探索促进经济发展的新路径。

第三，有利于作为政府等有关机构的决策参考。呼包鄂乌城市群作为内蒙古自治区内的城市群代表，具有引领内蒙古经济发展的带头作用，城市群的发展对内蒙古整体的发展也有一定影响。本书从人口就近城镇化角度研究继续挖掘农村生育劳动力、提升城市化水平的方式和策略，可以作为未来经济发展的有利参考。

五 技术路线

本书通过使用《内蒙古统计年鉴》、盟市统计年鉴与全国人口普查数据对呼包鄂乌人口就近城镇化进行研究，本书的研究主要分为七个部分。

第一章为绪论。绪论包括研究背景、研究方法、研究意义与文献综述，通过对已有文献和当前社会背景进行梳理，明确本书的研究方向和研究目的。第二章为呼包鄂乌城市群人口就近城镇化的空间演化。系统对呼包鄂乌人口就近城镇化现状和空间演化进行分析，初步了解呼包鄂乌城市群人口就近城镇化的现状与变化趋势。第三章为呼包鄂乌城市群人口就近城镇化的影响因素。从经济、社会、文化等多角度研究不同因素对呼包鄂乌人口就近城镇化的影响。第四章为呼包鄂乌城市群人口就近城镇化小城镇空心化问题。人口流动或城市化发展导致小城镇人口空心化，对人口空心化问题进行了研究。第五章为呼包鄂乌城市群人口就近城镇化影响因素及异质性分析。研究社会因素对呼包鄂乌不同地区影响的异质性。第六章为呼包鄂乌城市群人口就近城镇化的路径选择。梳理了我国其他地区的就近城镇化路径并深入研究呼包鄂乌城市群的发展路径。第七章为呼包鄂乌城市群就近城镇化的措施。通过全书的研究发现问题，并提出相应的对策建议。本书的技术路线如图1-1所示。

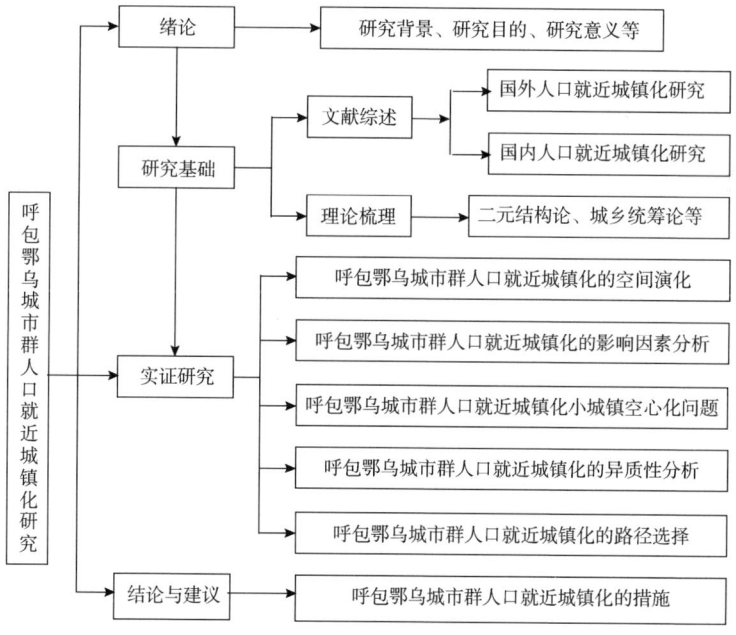

图1-1 技术路线

第二章　呼包鄂乌城市群人口就近城镇化的空间演化

一　呼包鄂乌城市群概况

(一) 呼包鄂乌城市群基本情况

1. 地理位置

呼包鄂乌城市群是指由呼和浩特市、包头市、鄂尔多斯市与乌兰察布市所组成的城市集群，其位于内蒙古自治区中西部核心区域。根据地理信息汇总，呼包鄂乌城市群位于东经106°42′—114°49′、北纬37°35′—43°28′，从东至西依次是乌兰察布市、呼和浩特市、包头市与鄂尔多斯市，在地理区位上对内蒙古其他地区具有重要辐射作用。根据2021年《内蒙古自治区统计年鉴》数据，呼包鄂乌城市群行政区内共有下辖区14个、下辖旗县24个，城市群行政区域土地面积18.67万平方公里、城市面积2333.07平方公里、城市建成区面积1088.25平方公里。

2. 地形地貌

由于呼包鄂乌城市群东西横跨8度、南北纵跨6度，地域跨度大，导致呼包鄂乌城市群在地形地貌上存在显著差异性。具体来看，呼和浩特市主要以山地和平原两大地形地貌为主，北部以山地地形为主，南部以及西南部则以平原地形为主，整体地势由东北向西南逐渐倾斜；包头市由于阴山山脉横贯其中部，导致其形成北部高原、中部山地、南部平原三个地形，整体地势呈现出中间高两边低；鄂尔多斯市地处鄂尔多斯高原腹地，地形起伏不平，地貌复杂多样，整体地势呈现出西高东低；乌兰察布市自北向南主要由内蒙古高原、乌兰察布丘陵、阴山山地三部分组成，整体地势呈现中间低两边高。综上所述，呼包鄂乌城市群内拥有山地、高原、平原、丘陵等多种地形，地形地貌组成复杂，这也必将导致呼包鄂乌城市群内具有其独特的人口状况以及经济发展方式。

3. 人口与经济

根据2020年呼包鄂乌城市群人口统计表来看，呼包鄂乌城市群人口与经济发展仍存在显著差异，见表2-1。根据2021年《内蒙古统计年鉴》数据可知，呼包鄂乌四座城市2020年常住人口分别为345.42万人、271.03万人、215.56万人、169.52万人，其中城镇人口分别为273.36万人、233.49万人、166.92万人、101.18万人，乡村人口分别为72.06万人、37.54万人、48.64万人、68.34万人。从呼包鄂乌城市群城镇化发展状况的纵向比较来看，2020年呼包鄂乌城市群常住人口为1004.19万人，相比于2010年第六次全国人口普查960.12万人增加了44.07万人，其中城镇人口增加了169.16万人，乡村人口减少了125.19万人，城镇化率由64.08%上升至77.38%。十年间常住人口变化程度微弱，然而各市城镇化发展程度却出现极不均衡现象，其中最明显的特征为呼包鄂城市群发展速度显著高于乌兰察布市。具体而言，2010—2020年呼和浩特市城镇人口增长数最多，由179.07万人增长至278.50万人；鄂尔多斯市城镇人口增长数紧随其后，由134.93万人增长至169.31万人；包头市与乌兰察布市城镇人口增长数则相对落后，分别由210.68万人增长至235.70万人、90.59万人增长至100.91万人。这反映呼包鄂乌城市群内各市城镇化发展程度不均，其中乌兰察布市可能因为地形地貌以及自然环境等因素的限制，导致城镇化发展程度不及其他三个城市。

表 2-1　　　　　　　呼包鄂乌城市群人口统计情况

	呼和浩特市	包头市	鄂尔多斯市	乌兰察布市
面板 1　2021 年内蒙古统计年鉴期间				
常住人口(万人)	345.42	271.03	215.56	169.52
城镇人口(万人)	273.36	233.49	166.92	101.18
乡村人口(万人)	72.06	37.54	48.64	68.34
城镇化率(%)	79.14	86.15	77.44	59.69
面板 2　2020 年第七次全国人口普查期间				
常住人口(万人)	349.60	271.80	216.84	165.95
城镇人口(万人)	278.50	235.70	169.31	100.91
乡村人口(万人)	71.10	36.10	47.53	65.04
城镇化率(%)	79.66	86.72	78.08	60.81
面板 3　2010 年第六次全国人口普查期间				
常住人口(万人)	286.66	265.04	194.07	214.36
城镇人口(万人)	179.07	210.68	134.93	90.59
乡村人口(万人)	107.59	54.36	59.14	123.77
城镇化率(%)	62.47	79.49	69.53	42.26%
面板 4　2000 年第五次全国人口普查期间				
常住人口(万人)	239.29	225.44	136.98	228.44
城镇人口(万人)	122.22	154.91	59.57	64.82
乡村人口(万人)	117.07	70.54	77.41	163.62
城镇化率(%)	51.08	68.71	43.49	28.37

呼包鄂乌城市群常住人口城镇化率分别为79.14%、86.15%、77.44%、59.69%。将呼包鄂乌城市群与内蒙古地区其他城市横向对比来看，呼和浩特市、包头市与鄂尔多斯市分别较内蒙古地区2020年平均城镇化率高出11.65个百分点、18.66个百分点与10.00个百分点，然而乌兰察布市较内蒙古地区2020年平均城镇化率低7.80个百分点。不难看出，呼包鄂乌城市群内部城镇化发展现状以及人口发展状况存在较大差异。同时，2020年呼包鄂乌城市群常住人口城镇化率为77.38%，与内蒙古自治区平均水平相比高出9.90个百分点，这表明呼包鄂乌城市群城镇化发展水平以及人口发展状况仍处于内蒙古地区领先水平。综合观察各市城镇化发展状况，包头市以86.72%的城镇化率位居第一，呼和浩特市以79.66%的城镇化率位居第二，鄂尔多斯市以78.08%的城镇化率位居第三，而乌兰察布市以60.81%的城镇化率排在最后。

据呼包鄂乌城市群经济统计，如图2-1所示，2020年呼包鄂乌城市群生产总值为9948.59亿元，分城市看，呼和浩特市的贡献度为28.15%、包头市的贡献度为28.02%、鄂尔多斯市的贡献度为35.52%、乌兰察布市的贡献度为8.31%；分产业看，第一产业贡献度为5.08%、第二产业贡献度为43.30%、第三产业贡献度为51.62%。综上所述，城市群内各

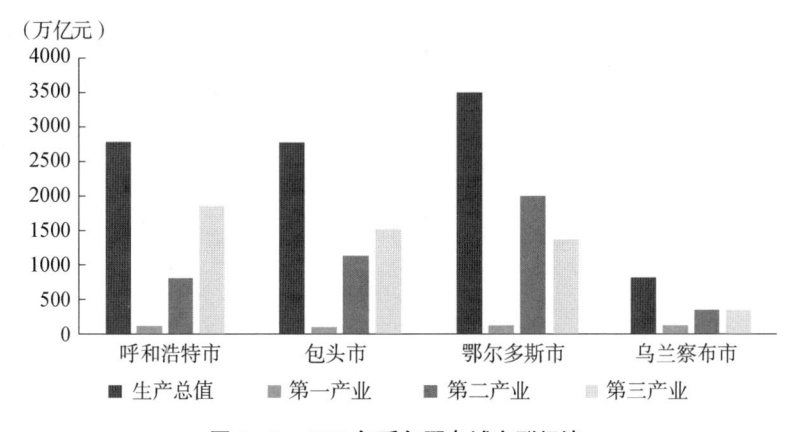

图2-1 2020年呼包鄂乌城市群经济

市因区位优势、地形地貌等因素不同导致经济发展程度与经济发展结构存在差异，其中呼包鄂城市群经济总量明显高于乌兰察布市且经济结构较优。

（二）呼包鄂乌城市群城镇化现状

在城镇化进程不断推进的背景下，呼包鄂乌城市群城镇化发展无论是在程度上还是在质量上都取得了卓越成就。如表2-2所示，2000—2020年，呼包鄂乌城市群的城镇化率从2000年的48.37%提高到2020年的78.11%，略高于全国城镇化率的平均水平，这表明呼包鄂乌地区已经进入城市主导型社会。20年间，呼包鄂乌城市群城镇化率平均每年增长2.64%，比全国平均城镇化率增长高0.10%。从绝对数值上看，第五次全国人口普查时呼包鄂乌城市群中农村人口为428.64万人，2020年年末减少至219.67万人，这也侧面反映了呼包鄂乌城市群城镇化发展速度快、程度深。综上所述，从时间上对呼包鄂乌城市群城镇化发展速度进行横向比较印证其城镇化发展程度深，从地域上将呼包鄂乌城市群与全国平均水平进行纵向比较印证其城镇化发展质量高。

表2-2　呼包鄂乌城市群与全国城镇化发展水平对比

	呼包鄂乌城市群	全国地区
面板1　2020年第七次全国人口普查期间		
常住人口(万人)	1004.19	141177.87
城镇人口(万人)	784.42	90199.12
乡村人口(万人)	219.67	50978.75
城镇化率(%)	78.11	63.89

续表

	呼包鄂乌城市群	全国地区
面板2　2010年第六次全国人口普查期间		
常住人口(万人)	960.12	133281.09
城镇人口(万人)	615.26	67000.40
乡村人口(万人)	344.86	66280.68
城镇化率(%)	64.08	50.27
面板3　2000年第五次全国人口普查期间		
常住人口(万人)	830.15	124261.22
城镇人口(万人)	401.51	45864.82
乡村人口(万人)	428.64	78396.41
城镇化率(%)	48.37	36.91

分城市来看，表2-1显示了呼包鄂乌城市群城镇化发展情况，历次人口调查中呼包鄂城市群的城镇化率明显高于乌兰察布市。其中包头市城镇化率常年稳居第一，最高达到86.72%；呼和浩特市与鄂尔多斯市城镇化率紧随其后，最高分别达到79.66%和78.08%；乌兰察布市位居最后，最高达到60.81%，这说明乌兰察布地区城镇化水平亟待提高。乌兰察布市城镇化发展程度明显低于呼包鄂地区可能是因为呼包鄂地区工业基础完备，产业结构明显优于乌兰察布市，导致其经济发展能较好地适应人口城镇化，然而，乌兰察布市第一产业占比较大、产业结构不合理，导致其拖累地区城镇化发展程度。这就要求乌兰察布市优化产业结构，进一步提升产业结构与城镇化发展的契合度，进而达到发展城镇化的目标。根据我国有关城市规模的划分标准，城市规模主要分为五类，见表2-3。

表 2 – 3　　　　　　　城市人口规模划分标准　　　　　　　（万人）

城市人口规模	分级标准
小城市	$20 \leqslant X < 50$
中等城市	$50 \leqslant X < 100$
大城市	$100 \leqslant X < 500$
特大城市	$500 \leqslant X < 1000$
超大城市	$X \geqslant 1000$

注：划分标准来源于国务院《关于调整城市规模划分标准的通知》。

从历次人口普查数据来看，详见表 2 – 1，呼包鄂乌城市群中各城市等级基本一致，均属于大城市行列，这表明城市等级并不是导致呼包鄂乌城市群内部城镇化发展水平不平衡的主要原因。

（三）呼包鄂乌城市群人口情况分析

1. 中心城区人口增长率分析

城市化发展初期，人口与经济活动不断向城市集中，随着城市化的不断发展，人口向郊区扩展逐渐形成大都市区，城市的产业结构升级使都市区空间范围扩大、数量增多，最终发展为城市群。在促进呼包鄂乌地级市振兴，加快推进中心城区扩容提质的过程中，人口问题始终是一个重要因素。了解并掌握呼包鄂乌四个地级市中心城区（以下简称为"中心城区"）人口发展基本状况，充分认识这些区域人口发展中存在的主要问题，对于促进呼包鄂乌地区经济的发展有重要的意义。

呼和浩特市中心城区包括回民区、玉泉区、新城区、赛罕区 4 个市辖区，包头市中心城区包括昆都仑区、青山区、东河区、石拐区、九原区及白云鄂博矿区 6 个市辖区，鄂尔多斯市中心城区包括东胜区、康巴什区 2 个市辖区，乌兰察布市中心城区包括集宁区 1 个市辖区。

截至2020年年底，呼和浩特市中心城区人口增长率为3.00%；包头市中心城区人口增长率为0.44%；鄂尔多斯市中心城区人口增长率为2.25%；乌兰察布市中心城区人口增长率为0.50%，详见表2-4。

表2-4　　2011—2020年呼和浩特市、包头市、鄂尔多斯市、乌兰察布市中心城区人口增长率　　（%）

年份	呼和浩特市	包头市	鄂尔多斯市	乌兰察布市
2011	1.61	33.42	1.10	0.16
2012	-0.40	0.15	0.01	2.68
2013	2.09	2.85	2.23	-1.27
2014	2.60	-32.10	1.95	0.20
2015	1.79	44.30	2.41	-2.95
2016	1.58	-13.48	3.06	-0.14
2017	65.23	41.01	130.83	-0.87
2018	-36.98	-36.97	-54.48	-0.49
2019	1.90	0.68	2.47	-0.10
2020	3.00	0.44	2.25	0.50

2. 流动人口分析

改革开放以来，传统户籍制度的约束力度越来越小，中国的流动人口规模不断扩大[1]，农村剩余劳动力流向东部地区的现象也越来越普遍[2]，随着中国市场经济体制改革不断深化和城镇化发展，大规模人口流动现象将长期存在，并在调整全国劳动力要素合理配置方面发挥重

---

[1] 李涛、任远：《城市户籍制度改革与流动人口社会融合》，《南方人口》2011年第3期。
[2] 段成荣、杨舸、张斐等：《改革开放以来我国流动人口变动的九大趋势》，《人口研究》2008年第6期。

要作用。作为中国少数民族聚居省份之一，内蒙古自治区面积广阔、邻省众多，随着经济的高速发展，迁移流动人口数量也在不断增加，探究呼包鄂乌城市群人口流动的基本状况，分析跨区流入和流出人口的空间相关性，有助于我们更准确地把握内蒙古流动人口发展的特征和趋势。

流动人口是基于中国户籍制度而提出的概念，流动人口的定义为，在流入地居住一个月及以上，非本区（县、市）户口的15周岁及以上的流入人口。从历年的统计数据来看，呼和浩特市、包头市、鄂尔多斯市及乌兰察布市人口迁出率的波动程度基本一致，2007年迁出率达到最高，2012年人口回流最明显，此后迁出率缓慢上升，四个城市的历年人口迁出率，见表2-5。

表2-5 呼和浩特市、包头市、鄂尔多斯市、乌兰察布市历年人口迁移率 （%）

年份	呼和浩特市	包头市	鄂尔多斯市	乌兰察布市
1990	2.37	1.61	1.65	1.31
1991	0.75	0.38	1.09	-0.07
1992	0.69	0.80	0.89	-0.04
1993	1.00	1.05	-0.01	0.28
1994	1.25	1.40	0.90	-0.13
1995	0.93	0.77	1.09	0.57
1996	1.47	1.12	1.66	0.76
1997	1.50	1.41	-0.64	-0.16
1998	1.96	1.04	1.16	-0.19
1999	1.64	0.94	1.23	-0.23
2000	0.67	0.64	1.20	-1.18

续表

年份	呼和浩特市	包头市	鄂尔多斯市	乌兰察布市
2001	1.23	0.87	1.19	0.22
2002	0.80	0.91	1.18	0.11
2003	0.19	0.62	1.14	0.00
2004	0.37	0.43	0.67	0.38
2005	-0.56	-0.43	0.70	0.33
2006	1.07	1.46	2.23	2.03
2007	2.26	1.03	2.08	2.15
2008	1.56	1.47	1.84	0.99
2009	1.45	0.82	1.86	0.91
2010	0.87	0.09	1.07	-0.94
2011	1.16	0.90	2.02	0.61
2012	-0.87	0.76	-1.39	-0.63
2013	1.54	0.67	1.46	-1.31
2014	1.68	-0.58	1.00	-2.28
2015	0.29	0.09	0.90	-1.13
2016	0.95	-0.09	1.33	-0.13
2017	0.82	-0.04	0.88	-0.51
2018	1.18	0.04	0.88	-0.38
2019	1.17	0.40	0.75	-0.81

3. 呼包鄂乌城市群人口内部迁移情况

呼包鄂乌城市群在内蒙古自治区内整体经济社会发展水平较高，拥有众多人口,故城市群人口的内部迁移较为频繁。由于四市具体的经济发展水平有一定差距,呼包鄂地区要显著高于乌兰察布市,故呼包鄂人口流动往往在三市内部完成,而乌兰察布市由于大量人员前往作为首府且距离更近的呼和浩特市务工,使呼乌两市之间人口流动更多。对城市群内部人口迁移情况的研究可以提升对该地区社会经济发展水平的认识,更好地制定发展策略。

由表2-6可知,呼和浩特市在呼包鄂乌城市群人口内部迁移中承担着中心城市的作用,其中包头市与鄂尔多斯市的人口迁移占比相当,表明呼和浩特市与两市有大致相等的人口流动频率。而乌兰察布市在近年春运期间有将近1/3的流动人口从呼和浩特市迁入迁出,说明乌兰察布市本地居民在选择外出务工时更愿意前往呼和浩特市,由于乌兰察布市流动人口众多,故呼和浩特市近年的人口增长可能部分源于此。

表2-6 呼和浩特市人口迁出目的地与人口迁入来源地占比情况   (%)

人口迁移时间		包头市	鄂尔多斯市	乌兰察布市	合计
2020年春运	迁出	18.74	18.29	33.15	70.18
	迁入	17.73	16.03	31.72	65.48
2020年国庆节	迁出	18.71	16.39	30.01	65.11
	迁入	23.43	16.93	22.95	63.31
2021年春运	迁出	16.35	14.44	27.63	58.42
	迁入	19.07	13.05	20.59	52.71
2021年国庆节	迁出	16.41	13.49	26.83	56.73
	迁入	17.66	16.19	27.59	61.44
2022年春运	迁出	22.65	16.93	23.36	62.94
	迁入	18.71	18.56	24.17	61.44

由表2-7可知，在包头市人口的城市群内部迁移中，超半数是向呼和浩特市、鄂尔多斯市完成，表明了呼包鄂三市有着相近的社会经济发展水平。而相比于呼和浩特市，前往包头市定居或务工的乌兰察布市人口较少。

表2-7　　包头市人口迁出目的地与人口迁入来源地占比情况　　　　（%）

人口迁移时间		呼和浩特市	鄂尔多斯市	乌兰察布市	合计
2020年春运	迁出	25.88	29.51	8.20	63.59
	迁入	24.60	25.81	8.19	58.60
2020年国庆节	迁出	29.59	31.03	6.11	66.73
	迁入	31.23	27.12	5.64	63.99
2021年春运	迁出	25.52	26.31	6.48	58.31
	迁入	27.44	21.41	6.60	55.45
2021年国庆节	迁出	29.00	25.05	7.51	61.56
	迁入	28.47	25.09	6.80	60.36
2022年春运	迁出	26.58	31.68	6.72	64.98
	迁入	23.31	31.34	7.46	62.11

由表2-8可知，在鄂尔多斯市人口的城市群内部迁移中有着与包头市相近的表现，但整体的流动比例不高，因为鄂尔多斯市主要的人口流动以跨省为主，其中与陕西省榆林市最为频繁。

表2-8　　鄂尔多斯市人口迁出目的地与人口迁入来源地占比情况　　（%）

人口迁移时间		呼和浩特市	包头市	乌兰察布市	合计
2020年春运	迁出	13.77	14.42	1.78	29.97
	迁入	11.44	14.82	2.00	28.26

续表

人口迁移时间		呼和浩特市	包头市	乌兰察布市	合计
2020年国庆节	迁出	14.61	15.92	1.87	32.40
	迁入	15.35	20.27	1.53	37.15
2021年春运	迁出	13.89	14.25	1.62	29.76
	迁入	13.46	17.47	1.45	32.38
2021年国庆节	迁出	15.63	15.30	2.05	32.98
	迁入	15.09	15.58	1.46	32.13
2022年春运	迁出	12.16	18.72	2.01	32.89
	迁入	9.93	16.68	2.13	28.74

由表2-9可知，乌兰察布人口的城市群内部迁移主要以呼和浩特市为主，将近一半的流动人口在两市迁徙，而前往包头市与鄂尔多斯市的人口则较少。两市相比，由于包头市众多的工厂可以提供大量的就业岗位，故更能吸引外来人员。

表2-9　乌兰察布市人口迁出目的地与人口迁入来源地占比情况　　（%）

人口迁移时间		呼和浩特市	包头市	鄂尔多斯市	合计
2020年春运	迁出	52.11	8.76	4.50	65.37
	迁入	46.78	9.29	3.42	59.49
2020年国庆节	迁出	51.29	8.58	4.16	64.03
	迁入	56.29	8.00	3.58	67.87
2021年春运	迁出	43.04	8.63	3.42	55.09
	迁入	50.59	8.44	2.66	61.69
2021年国庆节	迁出	54.13	8.43	2.82	65.38
	迁入	54.24	8.44	3.92	66.60
2022年春运	迁出	45.70	10.34	5.49	61.53
	迁入	39.39	10.97	5.41	55.77

二 呼包鄂乌城市群就近城镇化率测度

随着我国户籍制度放松以及城镇化发展战略实施，大量农村人口迁移至经济发展程度较高的城市，最典型的迁入地为我国东部地区。这导致我国城镇化发展呈现出发展速度快，但明显非均衡发展的特征。[①] 但是，近年来，全国范围内均受到新冠疫情的消极影响导致人口流动距离大幅缩短、异地城镇化发展速度放缓，再加上因为东部地区受劳动密集型产业转移等因素的影响，使其对农村劳动力人口的吸引力逐渐变弱。[②] 同时，劳动密集型产业逐渐向我国中西部转移，使中西部地区中心城区对附近农村剩余劳动力的"拉力"持续增强。综上所述，农村剩余劳动力的迁移路径已从向核心城市迁移转变为向附近中心城市迁移，即农村劳动力更偏向迁往户籍地附近的中心城区，人口就近城镇化在我国城镇化发展过程中占比逐步扩大。

就近城镇化的发展水平离不开城镇化率指标，因此，对呼包鄂乌城市群人口就近城镇化的研究也离不开对各市城镇化率的研究。由于目前并没有统一的就近城镇化发展水平的测量指标，因此，本书借鉴左巧梅的做法，利用城镇化率衡量就近城镇化发展水平[③]，即年末常住人口与城镇化率的乘积，如公式（2-1）所示。

$$NUP = PRP \times U \times 100\% \qquad (2-1)$$

其中，NUP（Nearby Urbanization Population）表示就近城镇化人口

[①] 崔许锋：《民族地区的人口城镇化与土地城镇化：非均衡性与空间异质性》，《中国人口·资源与环境》2014年第8期。

[②] 袁倩文：《陕西省就近城镇化时空格局、影响因素与路径规划》，西北大学，硕士学位论文，2021年。

[③] 左巧梅：《农业转移人口就近城镇化影响因素研究》，浙江工业大学，硕士学位论文，2017年。

数，PRP（Permanent Resident Population）表示年末常住人口，U（Urbanization）表示城镇化率。

由于我国就近城镇化与异地城镇化属于不同发展阶段，其中就近城镇化属于初级阶段，这导致就近城镇化研究中许多概念界定困难，最主要的便是界定"就近"的范围。现有研究提出多种界定方式，其中包括省域中心城市、地级中心城市、县级中心城市、中心镇等。[①] 但是，呼包鄂乌城市群位于内蒙古中西部，属于自治区内人口主要迁入地，即该地区的城镇化水平普遍较高，其中心城区的人口集聚能力较强，跨市人口流动规模大。因此，本书参考现有（市级）研究将就近城镇化的空间范围界定为"呼包鄂乌城市群各市"。

三　呼包鄂乌城市群就近城镇化演变特征

在对呼包鄂乌城市群人口就近城镇化水平进行研究时，必须根据内蒙古地区发展历程以及准确的人口数据去探究其空间格局的演变过程，这是因为不同时间节点上影响呼包鄂乌城市群人口就近城镇化水平的因素存在异质性，因此，需要选取不同时间节点，并且根据不同时间节点上呼包鄂乌城市群内的具体演变情况进一步分析与比较。本书选取一条时间线与一组时间点进行观察。第一，利用内蒙古自治区统计年鉴数据以及呼包鄂乌城市群各市统计年鉴数据探究2011—2016年呼包鄂乌城市群人口就近城镇化发展程度，这组数据为地区统计局数据，优点为时间连续性好，缺点是缺乏最新统计数据。第二，选取2000年、2010年与2020年三个时间点，分别为第五次全国人口普查期间、第六次全国人口普查期间与第七次全国人口普查期间，这组数

[①] 李强、陈振华、张莹：《就近城镇化模式研究》，《广东社会科学》2017年第4期。

据为全国统计局数据,优点为这三个时间点人口数据准确、统计数据较新,缺点为统计缺乏连续性。结合两组数据对呼包鄂乌城市群人口就近城镇化的时空演变情况进行分析,有利于得出可信、有效的研究结果。

根据本节划分,呼和浩特市中心城区包括回民区、玉泉区、新城区、赛罕区4个市辖区,包括土默特左旗、托克托县、和林县、清水河县和武川县5个就近城镇;包头市中心城区包括昆都仑区、青山区、东河区、石拐区、九原区及白云鄂博矿6个市辖区,包括土默特右旗、固阳县和达茂旗3个就近城镇;鄂尔多斯市中心城区包括东胜区、康巴什区2个市辖区,包括达拉特旗、准格尔旗、鄂托克前旗、鄂托克旗、杭锦旗、乌审旗和伊金霍勒旗7个就近城镇;乌兰察布市中心城区包括集宁区1个市辖区,包括丰镇市、卓资县、化德县、商都县、兴和县、凉城县、察哈尔右翼前旗、察哈尔右翼中旗、察哈尔右翼后旗和四子王旗10个就近城镇。

根据呼包鄂乌城市群人口统计数据,见表2-1,呼包鄂乌城市群各市城镇化发展水平存在明显差异,由于人口就近城镇化发展离不开整座城市城镇化发展,因此,本节首先探讨呼包鄂乌城市群中各市人口就近城镇化发展水平。

根据呼和浩特市就近城镇化空间分异格局演变,见表2-10,从各城镇角度来看,土默特左旗就近城镇化水平在2011—2015年呈现出下降趋势,而在2016年出现显著增高趋势;和林县就近城镇化水平呈现出先增后降趋势,峰值出现在2013—2014年;武川县就近城镇化水平在2011—2016年整体上呈现出下降趋势;清水河县在2011—2014年呈现出较高就近城镇化水平,而在2015—2016年出现了断崖式下降;托克托县就近城镇化水平在2011—2016年呈现出平稳状态,就近城镇人口稳定于5.5万人左右。整体来看,呼和浩特市就近城镇化水平在各城镇中分异较大。具体来看，经过五年发展，呼和浩特市就近城镇化水平稳定在20%左右，同时，仅有土默特左旗就近城镇人口出现增长，其余四县就近城镇人口均出现下降。这可能是因为呼和浩特市为内蒙古自治区首府，中心城区附近的城镇人口迁往中心城区成本低导致呼和浩特市就近城镇化水平反而逐年下降。

表2-10　　呼和浩特市人口就近城镇化水平统计情况　　（城镇化率/%）

年份	土默特左旗	和林县	武川县	清水河县	托克托县
2011	7.746 (21.10)	4.8932 (24.42)	4.8422 (27.51)	5.8906 (40.07)	5.658 (27.32)
2012	6.1437 (17.08)	4.6905 (23.67)	4.5856 (26.37)	5.6266 (39.24)	5.6374 (27.13)
2013	6.2765 (17.20)	6.0073 (29.73)	4.4215 (25.29)	6.4222 (44.51)	5.622 (27.04)
2014	6.3704 (17.20)	5.9576 (29.09)	3.3203 (18.92)	6.7488 (46.79)	5.4398 (26.29)
2015	5.3486 (14.62)	2.9943 (14.91)	3.6031 (20.83)	3.0865 (21.73)	5.6428 (27.78)
2016	10.0695 (27.52)	2.9735 (14.70)	3.2914 (18.96)	2.0402 (14.32)	5.6222 (27.57)

根据包头市就近城镇化空间分异格局演变，见表2-11，从各城镇角度来看，土默特右旗就近城镇化水平在2011—2014年呈现逐渐上升趋势，而在2015—2016年出现下降趋势；固阳县就近城镇化水平在2011—2016年呈现出平稳趋势，城镇化率稳定在25%附近；达茂旗就近城镇化水平呈现出先升后降的趋势，峰值出现在2013年。整体来看，包头市各附近旗县城镇化水平变动平稳。具体来看，经过五年发展，三

个旗县就近城镇人口虽均出现下降,但变化幅度不大。这可能是因为包头市中心城区较多、城镇化发展水平高,导致附近的城镇人口数变动微弱。

表2-11　　　　包头市人口就近城镇化水平统计情况　　　（城镇化率/%）

年份	土默特右旗	固阳县	达茂旗
2011	10.75 (39.33)	4.84 (28.45)	4.44 (44.31)
2012	10.58 (39.17)	4.47 (27.16)	4.34 (44.33)
2013	12.76 (47.72)	4.57 (28.76)	4.95 (51.94)
2014	12.49 (47.36)	4.31 (28.02)	4.17 (45.03)
2015	9.55 (36.80)	3.75 (25.39)	3.75 (42.66)
2016	8.83 (34.60)	3.29 (23.23)	3.46 (41.04)

根据鄂尔多斯市就近城镇化空间分异格局演变,见表2-12,从各城镇角度来看,鄂尔多斯市中达拉特旗、准格尔旗、鄂托克前旗、杭锦旗、乌审旗和伊金霍洛旗就近城镇化水平在2011—2016年均呈现出逐年上升趋势。整体来看,鄂尔多斯市就近城镇化水平在各城镇中均表现出较高水平。具体来看,经过五年发展,鄂尔多斯市就近城镇化水平稳定在50%以上,同时,各旗县就近城镇人口均出现上涨趋势。这可能是因为鄂尔多斯市经济发展水平较高,工业基础完备,能容纳较多就近城镇人口就业导致鄂尔多斯市就近城镇化水平逐年上升。

表 2－12　　鄂尔多斯市人口就近城镇化水平统计情况　　（城镇化率/%）

年份	达拉特旗	准格尔旗	鄂托克前旗	杭锦旗	乌审旗	伊金霍洛旗
2011	16.936 (52.32)	23.0101 (64.31)	3.9199 (55.21)	5.8069 (51.94)	7.0698 (53.64)	15.5999 (65.85)
2012	17.5511 (54.12)	23.3702 (65.28)	4.0962 (55.73)	5.91 (52.91)	7.4199 (54.80)	15.962 (67.18)
2013	18.1099 (55.74)	23.7599 (66.35)	4.2663 (56.21)	6.1001 (54.66)	7.7547 (55.91)	16.2793 (68.20)
2014	18.499 (56.85)	24.1028 (67.27)	4.4451 (56.77)	6.2005 (55.66)	7.9999 (56.10)	16.5303 (69.02)
2015	18.595 (57.04)	24.1633 (67.42)	4.737 (57.21)	6.4001 (57.40)	8.7149 (59.65)	16.9599 (71.41)
2016	19.4398 (59.54)	24.2409 (67.58)	4.8213 (57.74)	6.1904 (58.29)	8.9385 (60.60)	17.6441 (72.97)

根据乌兰察布市就近城镇化空间分异格局演变，见表 2－13，从各城镇角度来看，丰镇市就近城镇化水平在 2011—2016 年呈现出波动趋势，但经过 5 年发展，就近城镇化水平整体下降；卓资县就近城镇化水平除在 2014 年出现断崖式下降外，其余年份就近城镇化水平变动平稳；化德县、商都县、兴和县就近城镇化水平变动趋势类似，在 2011—2016 年整体上呈现出上升趋势；凉城县就近城镇化水平在 2011—2016 年呈现出逐年下降的趋势；察哈尔右翼前旗、察哈尔右翼中旗与察哈尔右翼后旗就近城镇化水平变动趋势类似，在 2011—2012 年出现短暂下降后便在 2013—2016 年迅速回升；然而，四子王旗就近城镇化水平在 2011—2016 年呈现出下降趋势。整体来看，乌兰察布市各旗县就近城镇化水平呈现出较大分异。这可能是因为乌兰察布市相比较于其他三市经济发展程度较低，各地对就近城镇化人口的容纳程度存在较大差异。

表 2-13　　乌兰察布市人口就近城镇化水平统计情况　　（城镇化率/%）

旗县	2011 年	2012 年	2013 年	2014 年	2015 年	2016 年
丰镇市	17.1944 (50.49)	10.7036 (31.53)	16.3668 (48.39)	16.3239 (48.23)	9.5803 (30.07)	11.9602 (37.76)
卓资县	13.0727 (59.41)	12.3799 (57.57)	12.5701 (58.70)	4.2594 (20.70)	5.3688 (26.29)	5.3316 (26.18)
化德县	3.406 (19.15)	3.1812 (17.98)	3.2347 (18.66)	3.1621 (18.16)	3.7153 (22.53)	3.6882 (22.41)
商都县	6.8759 (19.81)	5.7437 (16.75)	5.8723 (17.13)	5.6135 (16.45)	7.3181 (21.96)	7.3164 (21.97)
兴和县	6.3956 (19.14)	5.1686 (15.63)	6.958 (21.03)	7.0906 (21.41)	12.446 (38.96)	9.9855 (31.20)
凉城县	5.3577 (21.55)	4.4686 (18.20)	4.9171 (20.12)	4.8767 (20.06)	4.6438 (19.51)	4.6139 (19.50)
察哈尔右翼前旗	6.9557 (27.28)	4.9987 (21.44)	3.8223 (17.28)	3.7988 (17.17)	9.1585 (42.18)	8.9034 (41.11)
察哈尔右翼中旗	3.3543 (14.99)	3.2748 (14.08)	2.4879 (11.12)	2.2632 (10.18)	3.6127 (17.66)	3.5887 (17.54)
察哈尔右翼后旗	3.9527 (17.91)	3.7794 (17.34)	3.4877 (16.24)	3.523 (16.49)	4.4875 (21.38)	4.0733 (19.45)
四子王旗	6.5743 (30.36)	4.4327 (20.71)	5.6573 (26.30)	56623 (26.36)	4.7965 (22.55)	4.7817 (22.44)

从地域维度看，呼包鄂乌城市群就近城镇化水平在 2011—2016 年呈现出明显的地域差异；从分城市看，鄂尔多斯市就近城镇化水平明显高于其他三市，而呼和浩特市则出现了明显"二极化"，即中心城区城镇化水平显著高于就近城镇化水平，这导致呼和浩特市就近城镇化水平位于呼包鄂乌城市群末尾。具体而言，2011 年，呼包鄂乌城市群就近

城镇化水平大都为较低水平，整体就近城镇化水平为34.75%，其中，呼和浩特市、包头市、鄂尔多斯市与乌兰察布市就近城镇化率分别为26.45%、36.85%、49.37%和28.30%，仅有鄂尔多斯市就近城镇化水平高于40%，包头市处于较低城镇化水平而呼和浩特市与乌兰察布市均处于低水平就近城镇化水平。2016年，呼包鄂乌城市群就近城镇化水平较2011年略有提升，整体就近城镇化率为36.42%，但是，各市间就近城镇化水平出现明显差异，其中，呼和浩特市、包头市、鄂尔多斯市与乌兰察布市就近城镇化水平分别为22.05%、32.38%、65.56%与26.57%。经过5年发展，仅有鄂尔多斯市就近城镇化水平出现大幅上升，呼和浩特市、包头市与乌兰察布市就近城镇化水平均出现不同程度下降。综上所述，呼包鄂乌城市群在2011—2016年就近城镇化水平发展呈现出鄂尔多斯市"一家独大"的特征，其余三市就近城镇化发展水平均出现不同程度下降。

从时间维度看，呼包鄂乌城市群中鄂尔多斯市就近城镇化起步比较早，就近城镇化水平明显高于其余三市。这可能由于早期内蒙古自治区依靠资源型产业发展，鄂尔多斯市拥有丰富的能源资源，其中截至2019年，全市已探明煤炭储量约1496亿吨，占全国总储量的1/6；该市中西部乌兰—格尔一带即杭锦旗北部，地质勘探部门已经发现20多处油气田，鄂托克旗境内现已探明油气储量11亿立方米，同时在乌审旗南部也发现了油气田。凭借着广阔的资源分布，鄂尔多斯市地区农村人口转非农要早于城市群中其他城市，较早地进入了就近城镇化的发展阶段。包头市就近城镇化则凭借着其在内蒙古地区的独特区位优势以及较早建立的工业基础，就近城镇化发展水平紧随鄂尔多斯市之后。然而，呼和浩特市与乌兰察布市由于缺乏经济发展所需资源以及工业基础薄弱等原因，就近城镇化水平明显落后于鄂尔多斯市与包头市。其中，乌兰察布市由于资源劣势，第一产业占比重、经济结构不合理以及经济发展水平低，导致就近城镇化起步时间晚，且始终与鄂尔多斯市与包头市就近城镇化水平存在一定差距；呼和浩特市则因为周边城镇人口迁往中心城区，成本较低，使其大量迁往中心城区，导致就近城镇化水平明显落后于其他三市。

四 小结

本章通过内蒙古自治区统计数据对呼包鄂乌城市群概况进行描述，数据显示：第一，地理位置。呼包鄂乌城市群位于东经106°42′—114°49′、北纬37°35′—43°28′，在地理区位上对其他内蒙古地区具有重要辐射作用。第二，地形地貌。由于呼包鄂乌城市群东西横跨8度、南北纵跨6度，地域跨度大导致呼包鄂乌城市群在地形地貌上存在显著差异性。具体而言，呼包鄂乌城市群内拥有山地、高原、平原、丘陵等多种地形，地形地貌组成复杂。第三，人口城镇化发展。一是从呼包鄂乌城市群内部看，2011—2020年十年间常住人口变化程度微弱，然而各市城镇化发展程度却出现极不均衡现象，其中最明显的特征为呼包鄂城市群发展速度显著高于乌兰察布市。具体而言，2020年呼包鄂乌城市群常住人口城镇化率分别为79.14%、86.15%、77.44%、59.69%；呼和浩特市、包头市与鄂尔多斯市分别较内蒙古地区2020年平均城镇化率高出11.65个百分点、18.66个百分点与10.00个百分点，然而乌兰察布市较内蒙古地区2020年平均城镇化率低7.80个百分点。二是与内蒙古平均水平对比来看，将呼包鄂乌城市群与内蒙古地区平均水平横向对比来看，2020年呼包鄂乌城市群常住人口城镇化率为77.38%，比内蒙古自治区平均水平高出9.9个百分点，这表明呼包鄂乌城市群城镇化发展水平以及人口发展状况仍处于内蒙古地区领先水平。三是与全国平均水平对比来看，2000—2020年，呼包鄂乌城市群的城镇化率从

2000年的48.36%提高到2020年的77.38%，略高于全国城镇化率的平均水平，这表明呼包鄂乌地区已经进入城市主导型社会。第四，经济发展程度。城市群内各市因区位优势、地形地貌等因素不同导致经济发展程度与经济发展结构存在差异，其中呼包鄂城市群经济总量明显高于乌兰察布市且经济结构较优。第五，城市群中心城区人口增长率逐年放缓。具体而言，截至2020年年底，呼和浩特市中心城区人口增长率为3.00%，包头市中心城区人口增长率为0.44%，鄂尔多斯市中心城区人口增长率为2.25%，乌兰察布市中心城区人口增长率为0.50%。第六，城市群迁移状况。从历年的统计数据来看，呼和浩特市、包头市、鄂尔多斯市及乌兰察布市人口迁出率的波动程度基本一致，2007年迁出率达到最高，2012年人口回流最明显，此后迁出率缓慢上升。第七，呼包鄂乌城市群内就近城镇化水平。呼包鄂乌城市群在2011—2016年就近城镇化水平发展呈现出鄂尔多斯市"一家独大"的特征，其余三市就近城镇化发展水平均出现不同程度下降。

第三章　呼包鄂乌城市群人口就近城镇化的影响因素

党的十九大报告提出"中国经济已由高速增长阶段转向高质量发展阶段",标志着中国经济发展方式从粗放式增长向高效集约式的发展方式转变。2020年10月,党的第十九届五中全会的召开标志着中国开始向人口、经济、社会、资源环境等方面高质量发展而努力,在实现经济高质量发展的过程中,最重要的支撑力量就是人口高质量发展。党的二十大报告提出,要"促进区域协调发展。深入实施区域协调发展战略、区域重大战略、主体功能区域战略、新型城镇化战略、优化重大生产力布局,构建优势互补、高质量发展的区域经济布局和国土空间体系"[①]。各个国家的历史经验表明,人口问题始终是一个国家和地区面临的全局性、长期性且战略性问题,只有实现人口均衡才能解决人口发展中所面临的问题,才能推动经济、社会、资源、环境的全面协调可持续发展。

城市群是城市发展到成熟阶段的最高空间组织形式,是由几个城市所构成的一个庞大的城市化区域,目前我国有长珠三角、成渝、长株

---

① 习近平:《高举中国特色社会主义伟大旗帜　为全面建设社会主义现代化国家而团结奋斗——在中国共产党第二十次全国代表大会上的报告》,人民出版社2022年版,第31、32页。

潭，以及北方地区的京津冀与渤海湾等多个城市群。近几年随着呼和浩特市、包头市、鄂尔多斯市以及乌兰察布市的快速发展，内蒙古自治区也走上了城镇化集群的道路。按照规划，未来内蒙古自治区将着重发展"呼包鄂乌城市群"。

城镇化是指人口向城市地区集聚和乡村地区逐步转变为城市地区的过程，当前我国的城镇化率已达到60%，但随着城市人口数量激增，出现了环境恶化、配套设施不足等问题，而就近城镇化可以分散大城市人口过多的压力。就近城镇化指的是农业转移人口在邻近的小城镇或城市实现生产生活方式的转变，实现城镇化和市民化，这有助于实现城镇的可持续发展和地区的均衡发展，缓解周边大城市出现的"城市病"。目前我国正处于就近城镇化的进程中，呼包鄂乌的人口就近城镇化已经步入快速增长的阶段。

本章基于历年《内蒙古统计年鉴》和呼包鄂乌四市统计年鉴数据，对呼包鄂乌城市群人口就近城镇化现状及影响因素进行分析，以期准确把握呼包鄂乌城市群人口就近城镇化发展状况。

一 呼包鄂乌城市群人口就近城镇化发展情况分析

（一）户籍总人口变化趋势

根据历年《内蒙古统计年鉴》，2005年呼和浩特市户籍总人口为213.5万人，2020年户籍总人口增加至252.0万人，增长率为18.03%，在呼和浩特市各旗县中，土默特左旗、托克托县、和林县、清水河县户籍总人口实现了增长，但增长率均低于全市平均水平，武川县增长率为负，说明呼和浩特市人口就近城镇化发展速度较慢，原因可能是呼和浩特市各旗县基础设施不完善，与城区相比仍有较大差距，导致人口流失，具体数值见表3-1。

表 3-1　　　　呼和浩特市各旗县历年户籍总人口数　　　　（人）

年份	土默特左旗	托克托县	和林县	清水河县	武川县
2005	349756	195879	184249	136826	172003
2006	352919	196827	186902	133236	173065
2007	357024	199921	190950	141942	174452
2008	360806	200798	194585	143860	175700
2009	362940	204667	196918	145250	176031
2010	363739	205758	198351	146009	176112
2011	367036	207109	200397	147007	176007
2012	359793	207816	198193	143401	173902
2013	364859	207912	202067	144285	174837
2014	370335	206900	204796	144233	175490
2015	365819	203144	200883	142047	172985
2016	365925	203936	202240	142482	173552
2017	362700	202300	202500	142000	171900
2018	363393	202439	204003	141331	171100
2019	363564	201542	204869	140944	169441
2020	359107	199763	203893	139297	167023

2020年包头市户籍总人口为224.08万人，与2005年相比增加了14.76万人，增长率为7.05%，在包头市各旗县中，土默特右旗、固阳县以及达茂旗户籍总人口均实现了增长，其中土默特右旗增长幅度最大，具体数值见表3-2。

表 3-2　　　　　包头市各旗县历年户籍总人口数　　　　　（人）

年份	土默特右旗	固阳县	达茂旗
2005	315300	176800	102229
2006	316378	177410	101301
2007	310600	174400	122000
2008	306900	173200	120400
2009	364559	215613	115114
2010	360298	211324	114312
2011	276800	174300	101200
2012	278500	173900	100100
2013	280100	172900	98900
2014	286500	170500	97800
2015	364536	205102	112788
2016	365616	200435	111846
2017	364200	200100	111600
2018	362914	199040	110991
2019	362417	198309	110531
2020	352741	197112	109520

2020 年鄂尔多斯市户籍总人口为 164.42 万人，与 2005 年相比增长了 26.56 万人，增长率为 19.26%。鄂尔多斯市各旗县户籍总人口也呈递增趋势，其中鄂尔多斯市伊金霍洛旗户籍总人口增长幅度最大，2005 年户籍总人口为 14.37 万人，2020 年户籍总人口为 18.02 万人，增长率为 25.40%，高于鄂尔多斯市户籍总人口增长率，表明该地就近城镇化水平较高，具体数值见表 3-3。

表3－3　　　　　鄂尔多斯市各旗县历年户籍总人口数　　　　　（人）

年份	达拉特旗	准格尔旗	鄂托克前旗	鄂托克旗	杭锦旗	乌审旗	伊金霍洛旗
2005	336455	271623	72415	92838	133732	97236	143718
2006	341467	277949	73368	93945	137069	100991	147892
2007	348546	285433	74226	94720	138880	103066	151603
2008	348621	288432	75141	95682	141385	104623	155874
2009	352761	296571	75782	96432	143884	106978	159752
2010	364161	307901	75961	97853	145756	107808	164212
2011	368664	312632	76085	98852	146626	108925	167004
2012	457563	308737	76279	96588	142279	108797	167523
2013	362444	314673	77147	97023	143264	109706	170210
2014	363746	320396	78320	97697	142613	110523	171561
2015	364257	324205	78750	97650	142379	111510	173699
2016	369306	326516	79556	97910	143540	113377	174850
2017	370000	328500	80300	98000	144000	114800	175900
2018	370933	330651	80920	98140	144051	116277	177661
2019	372061	332352	81386	98238	143672	116962	178796
2020	372034	333532	81687	97973	142817	117547	180245

2005年乌兰察布市户籍总人口为272.52万人，2020年户籍总人口减少至266.50万人，增长率为－2.2%。对比发现，乌兰察布市凉城县、察哈尔右翼前旗以及四子王旗2005—2009年户籍总人口均持续增长，2012年后乌兰察布市各旗县户籍总人口均有不同程度减少，表明就近城镇化进程减缓、人口流失现象显著，原因可能是相比于周边呼包鄂三地乌兰察布市的发展速度较慢，具体数值见表3－4。

表 3-4　　　　　乌兰察布市各旗县历年户籍总人口　　　　　（人）

年份	卓资县	商都县	兴和县	凉城县	察哈尔右翼前旗	察哈尔右翼中旗	察哈尔右翼后旗	四子王旗
2005	223906	338332	305064	236604	234253	212719	209355	204116
2006	223514	342795	308863	241871	242384	211148	211746	205563
2007	226144	346985	317286	246038	247285	219038	217877	210646
2008	226593	349088	321515	248700	250238	220872	219903	213706
2009	226628	350052	327295	250898	253017	224546	222299	216990
2010	220731	346033	329776	247194	249224	223468	219513	215257
2011	220043	347174	334112	248669	254969	223824	220732	216541
2012	215049	342918	330666	245501	233100	232643	217919	214034
2013	214158	342850	330798	244364	221177	223643	214698	215092
2014	205757	334186	322231	243871	219484	222367	213584	214823
2015	204245	333183	319477	237988	217146	204601	209934	212666
2016	203646	332999	320005	236592	216558	204556	209411	213129
2017	201000	331700	320000	235500	216000	203000	208000	212500
2018	200008	331505	319415	234897	215504	202192	206753	212361
2019	196835	329234	317312	232580	212143	199326	204683	211064
2020	195621	325349	314474	230867	208477	195939	201871	209112

对比呼包鄂乌四市户籍人口可知，呼和浩特市、包头市以及鄂尔多斯市常住人口远超过户籍人口，2005—2020年，常住人口的数量大于户籍人口的数量，且差距逐年递增，表明呼和浩特市、包头市以及鄂尔多斯市的劳动力需求逐年增加，所能提供的就业机会逐年增加，经济发展进程越来越快，并且呼和浩特市、包头市以及鄂尔多斯市的城镇化进程显著；而乌兰察布市常住人口少于户籍人口，表明该地区人口流失现象显著，原因可能是乌兰察布市没有支柱性产业，没有办法提供充足的

就业机会，无法吸引和留住人才，也可能是随着基础设施的不断完善和跨域流动更加便利，青年劳动力会尽可能选择去就业机会多、基础设施完善并且离家乡近的地方工作，如呼和浩特市、包头市等，所以乌兰察布市城镇化进程受到阻碍，具体数值见表3-5。

表3-5　　　　　　　呼包鄂乌四市常住人口　　　　　　（万人）

年份	呼和浩特市	包头市	鄂尔多斯市	乌兰察布市
2005	258.00	243.00	149.50	215.40
2006	260.63	245.76	151.45	214.12
2007	263.52	249.61	154.79	213.82
2008	267.21	253.22	159.13	213.19
2009	270.85	257.21	162.54	212.55
2010	287.36	265.61	194.95	214.06
2011	291.19	269.29	199.93	213.46
2012	294.88	273.16	200.42	212.94
2013	300.11	276.62	201.75	212.30
2014	303.06	279.92	203.49	211.71
2015	305.96	282.93	204.51	211.13
2016	308.87	285.75	205.53	210.67
2017	311.48	287.77	206.87	210.25
2018	312.64	288.87	207.84	209.61
2019	313.68	289.69	208.76	209.02
2020	345.42	271.03	215.56	169.52

（二）居民收入变化趋势

随着内蒙古自治区经济的高速发展，其主要城市呼包鄂乌的迁移流动人口也在不断增加，与此同时城镇居民人均可支配收入水平和农村人均可支配收入水平也在显著提高,城镇居民人均可支配收入的增加幅度大于农村人均可支配收入水平的增加幅度。

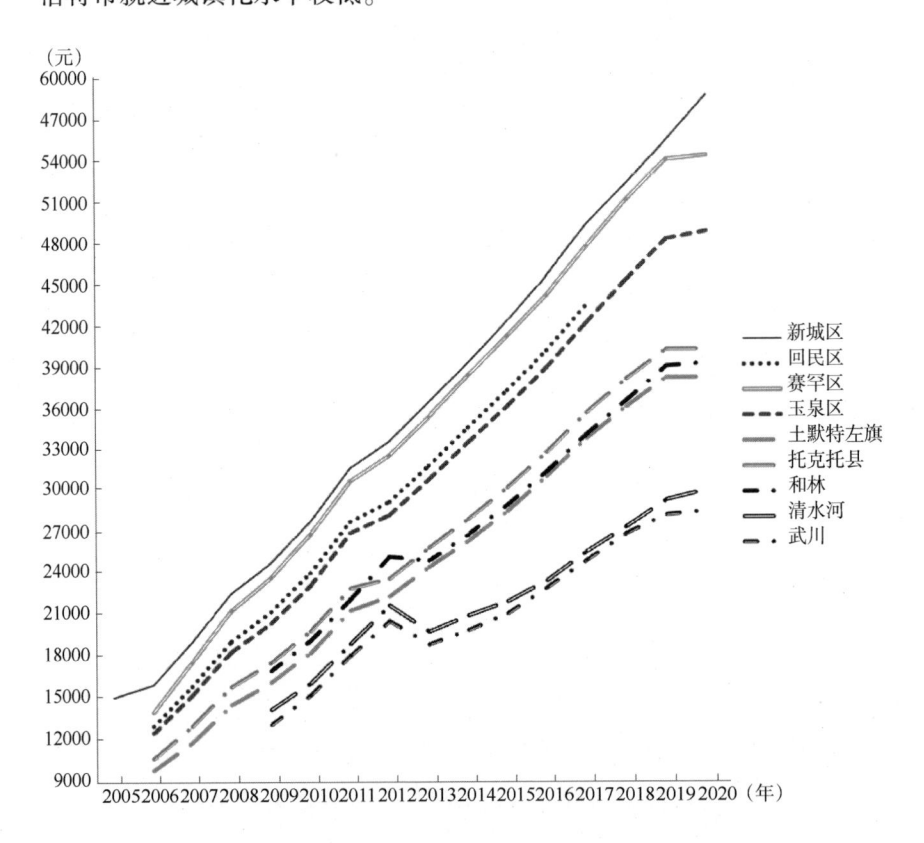

如图3-1所示,呼和浩特市城镇居民人均可支配收入水平在稳步提升,其中新城区城镇居民人均可支配收入水平增幅最快;武川县和清水河县城镇居民人均可支配收入增长缓慢且增幅较小,处于呼和浩特市最低收入水平;土默特左旗、和林县以及托克托县的城镇居民人均收入水平基本保持一致,增幅也保持一致。2019—2020年除新城区外,呼和浩特市各区各旗县的城镇居民人均可支配收入增长都有所放缓,呼和浩特市各旗县城镇居民人均可支配收入水平均低于城区水平,表明呼和浩特市就近城镇化水平较低。

图3-1 呼和浩特市城镇居民人均可支配收入

如图 3-2 所示，呼和浩特市农村人均可支配收入水平在 2005—2020 年实现了稳定增长，其中呼和浩特市四城区农村人均可支配收入基本持平且维持相同的增长幅度，武川县和清水河县农村人均可支配收入基本持平且处于呼和浩特市农村人均可支配收入的最低水平，原因可能是当地农业生产水平低下、土地资源匮乏，武川县的主要农作物产出是土豆，没有较高的经济收益，无法快速增加农村居民的可支配收入。

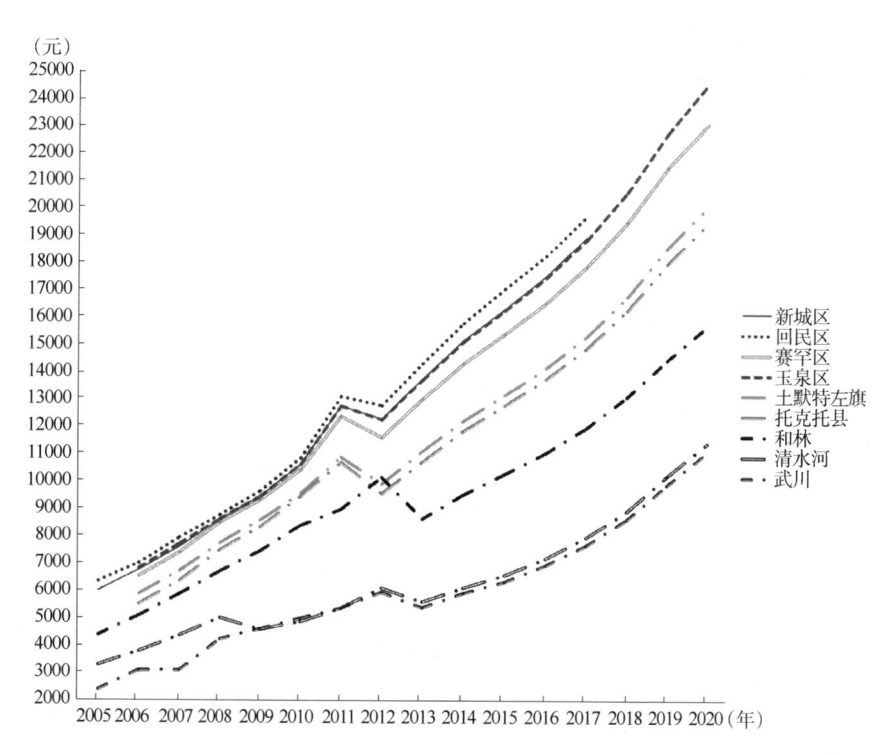

图 3-2　呼和浩特市农村人均可支配收入

如表 3-6 所示，2009—2020 年包头市各旗县城镇居民人均可支配收入实现正增长，其中白云鄂博矿区城镇居民人均可支配收入水平最高，高于包头市城区，表明白云鄂博矿区由于存在丰厚的自然资源可以快速提高城镇居民的人均可支配收入但是不能表明城镇化进程迅速，固阳县城镇居民人均可支配收入最低，表明包头市各旗县就近城镇化发展速度有较大差距，各旗县发展不均衡。

表3-6　　　　　包头市城镇居民人均可支配收入　　　　　（元）

年份	东河区	昆都仑区	青山区	九原区	石拐区	白云鄂博	土右旗	固阳	达茂旗
2005	15099	18402	18487	17070	10332	18405	8873	10157	12699
2006	16533	20077	20150	18709	11696	20062	10199	11286	14110
2007	18104	21904	21964	20505	13240	21867	11723	12550	15678
2008	19824	23897	23941	22473	14987	23836	13475	13933	17420
2009	21707	26071	26095	24630	16966	25981	15489	15482	19356
2010	23769	28444	28444	26995	19205	28319	17804	16752	21485
2011	27097	32853	32853	31422	201798	32793	20657	18375	23584
2012	27472	32318	32318	30956	23220	32273	23735	20506	26650
2013	29945	35227	35227	33804	25379	35178	25245	21800	27311
2014	32490	38221	38221	36711	30854	38203	27517	23609	29687
2015	34829	40934	40934	39391	33199	40915	29608	25332	31913
2016	37302	43922	43922	42385	35722	43902	31888	27232	34370
2017	40174	47348	47187	45818	38580	47326	34503	29410	37223
2018	43026	50662	50615	49025	41396	50591	37125	31616	39978
2019	45780	53854	53753	52163	44294	53728	39390	33702	42656
2020	46375	54393	54291	52997	44648	54061	40020	34309	43466

如表3-7所示，2005年包头市农村人均可支配收入为5000元左右，2020年增长到2万元左右。其中达茂旗和固阳县农村人均可支配收入增长低于包头市其他旗县，表明达茂旗和固阳县人口就近城镇化速

度较慢，东河区和九原区农村人均可支配收入水平较高，在2020年达到2.5万元水平，远大于包头市其他城区和旗县。

表3-7　　　　　　　包头市农村人均可支配收入　　　　　　　（元）

年份	东河区	昆都仑区	青山区	九原区	石拐区	土右旗	固阳	达茂旗
2005	6373	5835	5732	5413	3411	4803	3200	4095
2006	7182	6728	6626	6171	3895	5379	4106	4806
2007	8095	7757	7660	7035	4448	6155	4739	5524
2008	9123	8944	8855	8019	5080	7102	5402	6242
2009	10281	10312	10236	9142	5801	7869	5958	6879
2010	11587	11890	11833	10422	6625	8815	6310	7300
2011	13271	13648	13648	11998	7500	10148	7182	8309
2012	13437	15531	15531	12500	8434	11477	8137	9414
2013	15023	35686	35721	14075	9454	11655	9103	9929
2014	16525	38220	38221	15483	11556	12832	9967	10942
2015	17731	40934	40934	16629	12469	13794	10724	11784
2016	18990	43840	43799	17876	13429	14829	11560	12691
2017	20471	46953	46865	19342	14544	16045	12543	13757
2018	22416	50287	50146	21179	15969	17601	13797	15257
2019	24523	53857	53656	23213	17582	19309	15287	16950
2020	26362	57681	57412	25047	19042	20795	16602	18628

如表3-8所示，鄂尔多斯市在2014年前城镇居民人均可支配收入水平波动幅度较大，2014年后城镇居民人均可支配收入水平持续增长，增长幅度基本保持一致。其中，鄂托克旗和乌审旗的城镇居民人均可支

配收入较为接近；东胜区和准格尔旗的城镇居民人均可支配收入较为接近，均位于鄂尔多斯市的最高水平；杭锦旗的城镇居民人均可支配收入水平最低。鄂尔多斯市各旗县区城镇居民人均可支配收入水平差距小于包头市和呼和浩特市城镇居民人均可支配收入水平差距，表明鄂尔多斯市各旗县就近城镇化水平相近。

表 3 – 8　　　　　鄂尔多斯市城镇居民人均可支配收入　　　　　（元）

年份	东胜区	达拉特旗	准格尔旗	鄂托克前旗	鄂托克旗	杭锦旗	乌审旗	伊金霍洛旗
2005	17549	13234	17194	11942	12595	10080	10558	15154
2006	19129	14557	18776	13375	14107	11586	12136	16838
2007	20850	16013	20503	14980	15799	13317	13949	18709
2008	22727	17614	22390	16778	17695	15307	16034	20788
2009	24772	19375	24450	18791	19819	17595	18430	23098
2010	27002	21313	26699	21046	22197	20567	21116	26684
2011	30702	26057	30579	25904	26605	25503	25958	30566
2012	31038	26394	30950	27083	27936	29604	30393	34586
2013	33707	28928	33612	30225	31205	28829	30316	33605
2014	36302	31589	36234	33096	34294	31510	33287	36193
2015	38807	33863	38698	35545	36832	33716	35717	38690
2016	41679	36403	41523	38318	39668	36144	38431	41514
2017	45095	39315	44969	41537	42881	39108	41452	44960
2018	48452	42146	48207	44818	46140	42139	44784	48314
2019	51483	44654	51122	47855	48994	44899	47671	51382
2020	52111	45098	51380	48403	49594	45525	48290	52132

如表3－9所示，鄂尔多斯市各旗县区农村人均可支配收入基本一致，从2005年低于5000元到2020年增长至22000元，并且2005—2020年，鄂尔多斯市各旗县区的农村人均可支配收入的增幅也基本保持一致。相较于呼和浩特市、包头市以及乌兰察布市，鄂尔多斯市各旗县农村人均可支配收入较高。

表3－9　　　　　鄂尔多斯市农村人均可支配收入　　　　　（元）

年份	达拉特旗	准格尔旗	鄂托克前旗	鄂托克旗	杭锦旗	乌审旗	伊金霍洛旗
2005	5424	4974	4973	4948	4136	4783	4742
2006	5967	5571	5570	5542	4997	5443	5446
2007	6563	6239	6238	6207	5995	6289	6301
2008	7220	6988	6987	6952	6954	7241	7262
2009	7942	7827	7825	7786	7783	7945	7959
2010	8736	8766	8764	8720	8694	8755	8774
2011	10021	10093	10093	9998	9956	10054	10098
2012	10761	10829	10840	10770	11334	11446	11452
2013	12020	12128	12163	12084	11951	12122	12128
2014	13378	13450	13477	13437	13313	13437	13450
2015	14341	14459	14501	14418	14258	14418	14445
2016	15359	15500	15603	15485	15354	15471	15488
2017	16618	16756	16929	16724	16644	16709	16774
2018	18147	18247	18529	18313	18248	18263	18300
2019	19681	19814	20519	20244	20028	20153	20064
2020	20968	20944	22223	21933	21520	21836	21605

如表 3-10 所示，乌兰察布市各旗县区城镇居民人均可支配收入水平相对平均，2013 年后除集宁区外，其他十个旗县区城镇居民人均可支配收入基本保持一致且增幅也基本保持一致。相较于呼和浩特市、包头市以及鄂尔多斯市各旗县城镇居民人均可支配收入，乌兰察布市各旗县城镇居民人均可支配收入较少。

表 3-10　　　　乌兰察布市城镇居民人均可支配收入　　　　（元）

年份	集宁区	卓资县	化德县	商都县	兴和县	凉城县	察右前旗	察右中旗	察右后旗	四子王旗	丰镇
2005	8331	7458	7342	6750	7045	7865	7344	6186	8129	8286	7635
2006	9414	8427	8348	7688	7961	8808	8298	7193	9032	9207	8676
2007	10638	9523	9492	8757	8996	9865	9377	8364	10035	10230	9859
2008	12021	10760	10792	9974	10165	11049	10596	9726	11151	11367	11204
2009	13584	12159	12271	11361	11487	12375	11973	11310	12390	12630	12732
2010	15350	13740	13952	12940	12980	13860	13530	12530	13620	13906	14030
2011	17760	15589	15791	14631	14577	15717	15312	14440	15573	15776	15809
2012	20696	19483	18844	16946	16419	18158	18394	16347	17802	18106	18189
2013	22569	21527	20802	18811	18143	20151	20307	19095	19275	19401	21125
2014	24550	22203	22737	20299	20106	22005	21635	20502	21736	21205	21789
2015	26408	24033	24581	21975	21777	23768	23366	23235	23453	22923	23482
2016	28488	25998	26556	23769	23514	25660	25244	25080	25363	24763	25360
2017	30877	28190	28791	25801	25464	27807	27387	27198	27525	26833	27423
2018	33176	30324	30986	27796	27418	29892	29435	29275	29684	28927	29576
2019	35334	32309	33020	29656	29277	31827	31360	31168	31638	30828	31511
2020	35702	32328	33092	30985	30310	31860	31815	31341	31901	31525	32135

第三章 呼包鄂乌城市群人口就近城镇化的影响因素

如表3-11所示，2005—2013年乌兰察布市各旗县区农村人均可支配收入水平波动较大，且维持在较低水平，2013年后乌兰察布市各旗县稳步推进城镇化，各旗县农村人均可支配收入增幅基本一致。乌兰察布市农村人均可支配收入较少，远低于呼和浩特市、包头市、鄂尔多斯市农村人均可支配收入水平。

表3-11　　　　　乌兰察布市农村人均可支配收入　　　　　（元）

年份	集宁区	卓资县	化德县	商都县	兴和县	凉城县	察右前旗	察右中旗	察右后旗	四子王旗	丰镇
2005	3891	2480	736	823	879	3209	2009	2434	2488	2890	3132
2006	4436	2803	971	1087	1142	3594	2371	2580	2948	3189	3638
2007	5057	3167	1282	1435	1485	4025	2797	2269	3053	3109	4141
2008	5765	3579	1692	1894	1930	4508	3301	2968	3620	3592	4738
2009	6572	4044	2234	2500	2509	5049	3895	2568	4208	3102	5408
2010	7492	4570	2949	3300	3262	5655	4596	2995	4630	3680	5518
2011	8850	5210	3352	3895	3751	5843	5222	3346	5288	4223	6379
2012	9478	6208	4967	5832	5522	6954	6335	3863	6082	4858	7345
2013	10664	7021	5786	6544	6267	7824	7160	5676	7282	6924	8298
2014	11844	7879	6522	7330	7030	8763	8055	6403	8156	7806	9242
2015	12686	8530	7093	7920	7607	9468	8743	6970	8813	8491	9927
2016	13668	9191	7661	8549	8203	10205	9440	7508	9490	9159	10726
2017	14807	9963	8301	9257	8941	11068	10236	8314	10302	9937	11640
2018	16162	10878	9081	10127	9715	12153	11190	8886	11266	10875	12731
2019	17928	12101	10103	11284	10812	13482	12427	9902	12529	12093	14148
2020	19408	13075	11471	12290	11731	14569	13548	10930	13665	13155	15289

(三) 三大产业发展变化趋势

如图 3-3 所示，呼和浩特市新城区第三产业经济占比在 2005—2014 年波动变化，2014—2017 年第三产业所占比重越来越大，第二产业占比和第三产业占比呈相反变化，第一产业所占比重始终维持在较低水平且变化幅度较小，表明新城区产业结构以第二产业和第三产业为主。

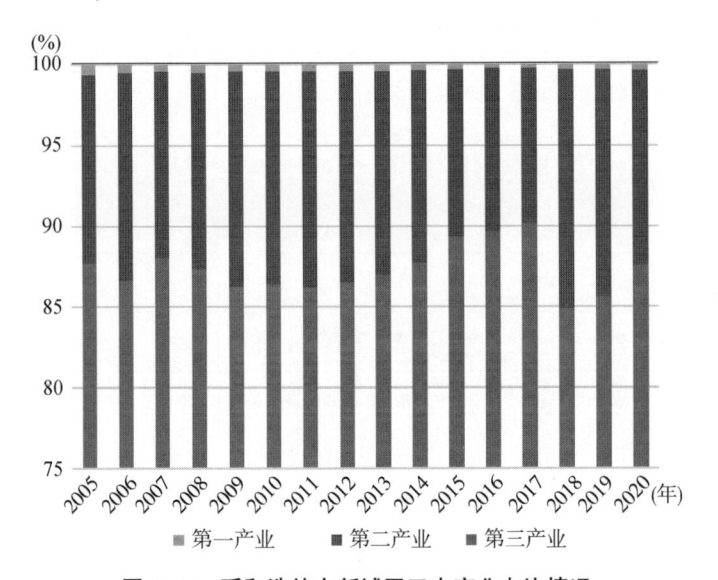

图 3-3 呼和浩特市新城区三大产业占比情况

如图 3-4 所示，呼和浩特市土默特左旗三大产业占比在 2005—2020 年波动幅度较小，表明土默特左旗三大产业保持均衡发展，产业升级与转型还未实现，第一产业占比基本维持在 20% 左右、第二产业占比维持在 40% 左右、第三产业占比维持在 40% 左右，就近城镇化进程在缓慢推进。

如图 3-5 所示，包头市东河区三大产业占比与呼和浩特市三大产业占比相比，第一产业占比都小于 5%，呼和浩特市新城区第三产业占比可达到 85%，包头市东河区第三产业占比只达到 60% 左右，表明东河区产业结构以第二产业为主，工业基础雄厚，第三产业较薄弱。

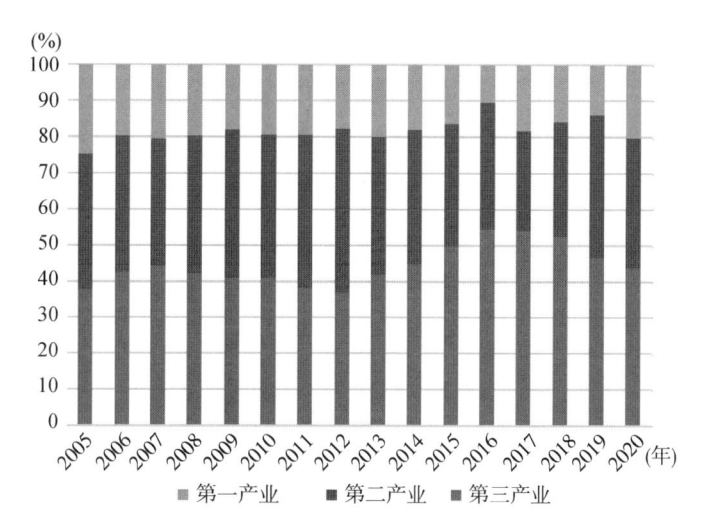

图 3-4 呼和浩特市土默特左旗三大产业占比情况

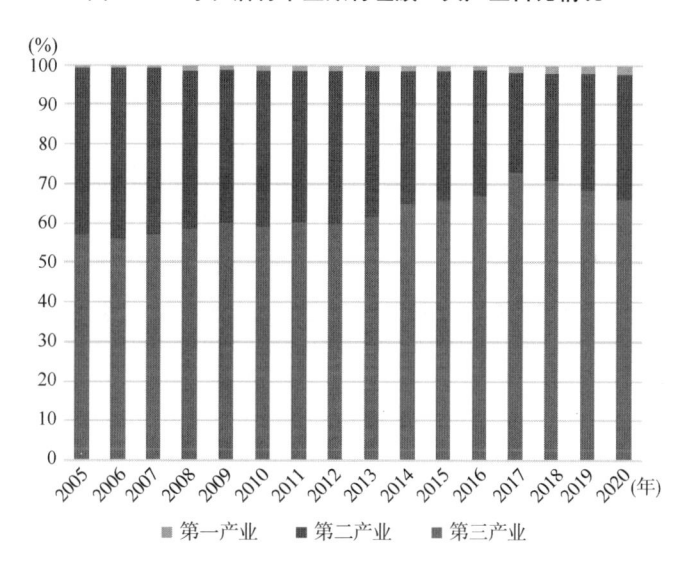

图 3-5 包头市东河区的三大产业占比情况

如图 3-6 所示，包头市达茂旗第二产业占比大于第一产业和第三产业占比，2015 年后第二产业占比有所下降，从 2005 年的 60% 降低至 2020 年的 50%，第一产业占比和第三产业占比在近两年同时增加，相比于呼和浩特市土默特左旗，包头市达茂旗第三产业比重较低，需要加强第三产业的发展,以此推动就近城镇化。

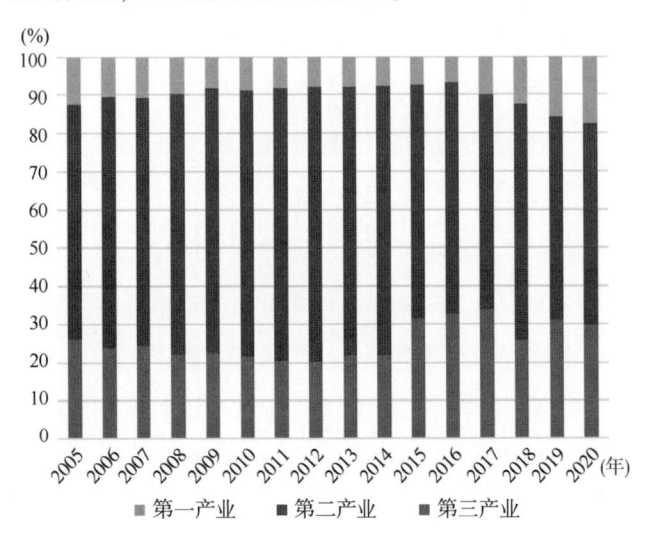

图 3-6 包头市达茂旗三大产业占比情况

如图3-7所示,鄂尔多斯市东胜区第一产业占比小于3%,第二产业占比超过35%,第三产业占比超过60%,从2005—2020年产业占比变化幅度较小,基本维持不变,表明东胜区产业升级速度缓慢,第三产业发展缓慢,并且鄂尔多斯市城区服务业发展缓慢无法满足居民需求,导致人口流失。

如图3-8所示,鄂尔多斯市鄂托克前旗第二产业占比在2007年后稳步增长,其占比在2007年小于30%,在2020年增长到60%;第三产业占比在2006年开始下降,2013年下降到30%;第一产业占比从2005年开始逐年减少,到2020年仅占10%左右,表明鄂托克前旗就近城镇化进程缓慢。

如图3-9所示,乌兰察布市集宁区第二产业占比先增加后减少;第一产业占比保持递减,2005年占比为5%,2020年占比减少到3%;第三产业与第二产业变化相反,2020年第三产业占比和2005年占比保持一致,表明集宁区服务业水平较低,从而阻碍人口就近城镇化进程。

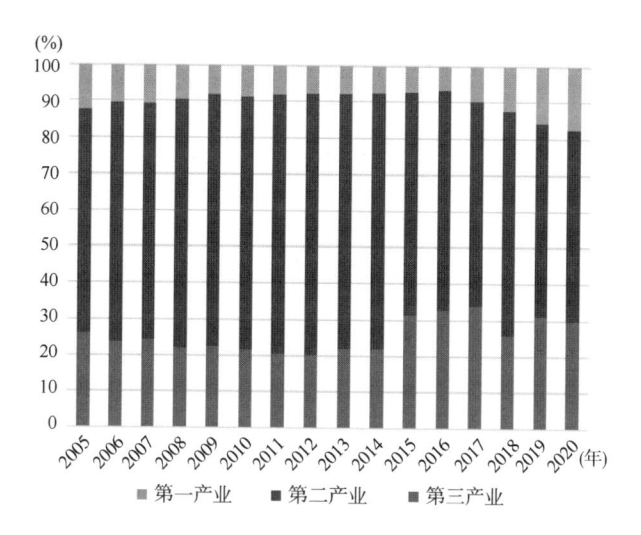

图 3-7 鄂尔多斯东胜区三大产业占比情况

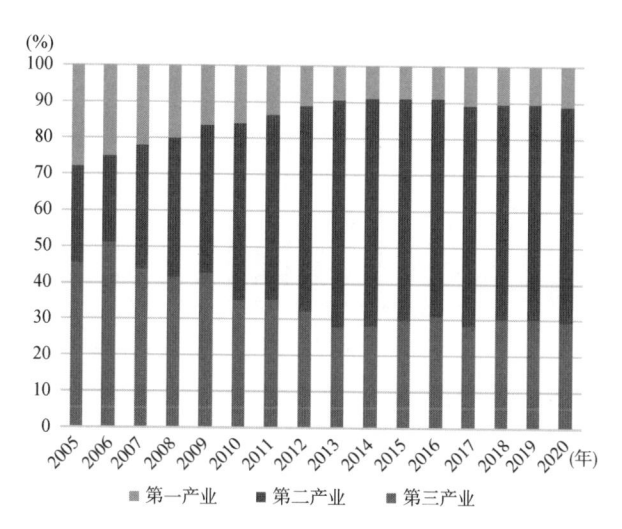

图 3-8 鄂尔多斯市鄂托克前旗三大产业占比情况

如图 3-10 所示，乌兰察布市丰镇第一产业和第二产业占比稳定，2005 年第一产业占比 20%、第二产业占比 55%，2020 年第一产业占比 12%、第二产业占比 43%，第三产业占比有小幅度增长，表明丰镇第三产业水平较低，有较大的发展和完善空间。

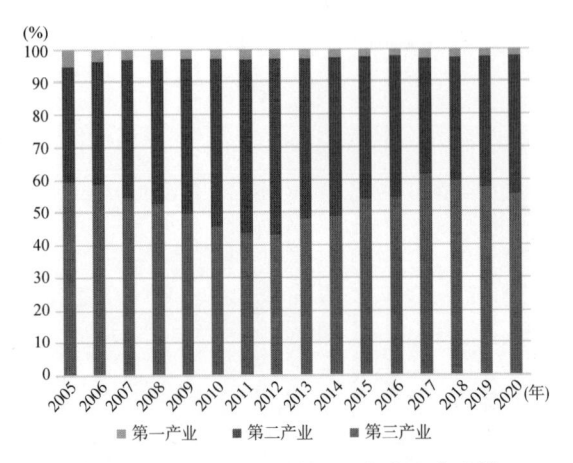

图 3-9　乌兰察布市集宁区三大产业占比情况

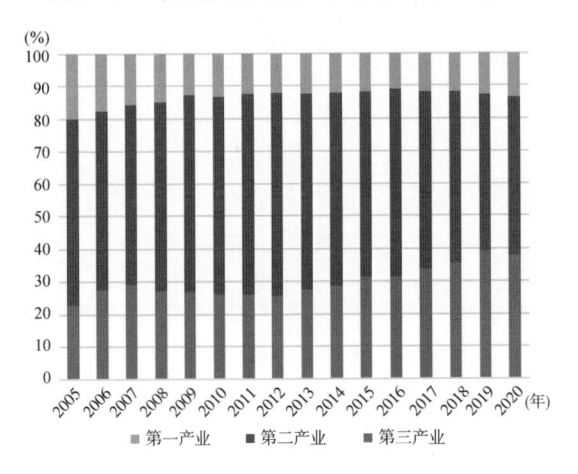

图 3-10　乌兰察布市丰镇三大产业占比情况

二　经济发展水平对呼包鄂乌人口就近城镇化的影响

(一) 模型设计

本节以呼包鄂乌各旗县面板数据为基础，分析人口就近城镇化，所以选用面板回归模型，如公式（3-1）所示。

$$\ln DC_{i,t} = \alpha_{0i} + \alpha_{1,i} GDP_{i,t} + \alpha_{2,i} \ln PCDI_{i,t} + \alpha_{3,i} SR_{i,t} + \alpha_{4,i} URPR_{i,t} + \alpha_{5,i} PI_{i,t} + \alpha_{6,i} SI_{i,t} + \alpha_{7,i} TI_{i,t} + \alpha_{8,i} TI_{i,t}^2 + \mu_{i,t} \quad (3-1)$$

其中，i 代表个体编号，t 代表年份，DC_i（Demographic Changes）代表第 i 个个体的人口数量变化，GDP_i 代表第 i 个个体的生产总值，$PCDI_i$（Per Capita Disposable Income）代表第 i 个个体的人均可支配收入，SR_i（Sex Ratio）代表第 i 个个体的人口性别比，$URPR_i$（Urban Rural Population Ratio）代表第 i 个个体的城乡人口比，PI_i（Primary Industry）代表第 i 个个体的第一产业生产总值，SI_i（Secondary Industry）代表第 i 个个体的第二产业生产总值，TI_i（Tertiary Industry）代表第 i 个个体的第三产业生产总值，TI_i^2 代表第 i 个个体的第三产业生产总值的平方。α_{0i} 为常数项，$\alpha_{1,i}$ 到 $\alpha_{8,i}$ 各自代表解释变量与被解释变量之间的关联程度，$\mu_{i,t}$ 为随机误差项。

（二）数据来源及变量选择

本节研究经济发展水平对呼包鄂乌人口就近城镇化的影响，数据来源于历年《内蒙古统计年鉴》和呼包鄂乌四市统计年鉴。以人口数量变化为被解释变量，并做对数处理，衡量人口就近城镇化水平，选取人均可支配收入、GDP、第一产业生产总值、第二产业生产总值以及第三产业生产总值五个方面来代表经济发展水平，并对人均可支配收入做对数处理，研究其对呼包鄂乌人口就近城镇化的影响，以更加深入地把握呼包鄂乌人口就近城镇化的作用机理。

（三）实证研究

某一地区的经济发展水平是指该地区经济发展的规模、速度和所达到的水准，衡量指标包括地区生产总值、人均可支配收入以及经济增长速度。其中产业结构的升级和优化是最重要的手段之一，工业反哺农业是对新型城乡关系和工农关系的概括，强化工业部门和政府部门对工业的支持和服务，不仅能提升农业的竞争力，而且能够促进人口就近城镇化。经济发展水平对呼包鄂乌就近城镇化的影响回归结果，见表3-12。

表3-12　经济发展水平对呼包鄂乌就近城镇化的影响回归结果

	(1)	(2)	(3)	(4)
ln 人均可支配收入	-1.874*** (-5.04)	—	—	—
GDP	0.217 (1.07)	—	—	—
人口性别比	-0.463 (-0.12)	7.092* (1.94)	6.425* (1.73)	8.617** (2.43)
城乡人口比	0.287 (1.21)	-0.102 (-0.35)	-0.104 (-0.35)	0.163 (0.66)
第一产业 GDP	—	-0.551** (-1.97)	-0.428 (-1.36)	—
第二产业 GDP	—	-0.267* (-1.66)	-0.0302 (-0.11)	—
第三产业 GDP	—	—	-0.378 (-1.19)	-6.799** (-3.25)
第三产业 GDP 平方	—	—	—	0.248** (2.99)
常数	22.59*** (3.75)	9.793* (1.69)	10.73* (1.82)	44.14** (3.27)
观测值	214	214	214	214

注：*、**、***分别代表在10%、5%、1%的水平下显著。

宏观分析可知，当分析人均可支配收入、GDP、人口性别比以及城乡人口比对呼包鄂乌人口就近城镇化的影响时，人均可支配收入对呼包鄂乌各旗县人口就近城镇化有抑制作用，人均可支配收入水平每提高1个百分点，年末户籍人口流失1.874个百分点，并且通过了1%的显著性检验，即人均可支配收入越高，人口就近城镇化发展越缓慢。原因可能是呼包鄂乌各旗县人均可支配收入的提高并不是因为当地产业结构完成升级和优化，使居民工资水平提高，而是因为更多的劳动力流向大城镇务工，使其人均可支配收入提高。例如2020年呼和浩特市新城区人均可支配收入为48662元，呼和浩特市土默特左旗人均可支配收入为24791元，城区与旗县人均可支配收入差距较大。因此人均可支配收入的提高会使人们就近城镇化的意愿降低，而去大城市的意愿就越强烈，导致劳动力流入大城镇，而不是流向周边小城镇。GDP的变化对呼包鄂乌各旗县人口就近城镇化进程没有显著性影响，未通过10%的显著性检验，原因可能是引起GDP变化的因素是复杂多样的。例如GDP的增加如果是由第一产业生产总值增加所引起的。同时在内蒙古自治区农业发展未实现大规模机械化生产的情况下，第一产业的生产主要依靠劳动力数量的投入。因此第一产业生产总值的增加，表明越多的劳动力未流入邻近小城镇，而是在农村从事农业生产，人口就近城镇化越缓慢。如果GDP的增加是由第二产业生产总值增加所引起的，则在第二产业的发展过程中机械化水平和发展程度正相关，第二产业的产值越高，机械化程度越高，所需的劳动力就越少，无法吸引足够的劳动力，从而无法促进人口就近城镇化。如果GDP的增加是由第三产业生产总值增加所引起的，在内蒙古自治区第三产业发展主要分布在大城镇的情况下，第三产业产值的增加，表明更多的劳动力进入第三产业即劳动力流入大城镇，人口就近城镇化进程加快。综上所述，GDP的增加和人口就近城镇化发展速度没有必然的关联；人口性别比和城乡人口比对呼包鄂乌各旗县人口就近城镇化进程没有显著性影响，均未通过 10% 的显著性检验。

当分析人口性别比、城乡人口比、第一产业 GDP 以及第二产业 GDP 对呼包鄂乌人口就近城镇化的影响时，人口性别比的提高对呼包鄂乌各旗县人口就近城镇化有推动作用。呼包鄂乌旗县人口性别比每增加 1 个百分点，年末户籍人口增加 7.092 个百分点，并且通过了 10% 的显著性检验，表明人口性别比差距越大即男性人口在总人口中所占的比重越大，人口就近城镇化进程越快。原因可能是男性人口越多，表明呼包鄂乌各旗县吸引越多的农村地区的劳动力人口，外出务工的人员中以男性为主，劳动力越多，人口就近城镇化速度越快。城乡人口比对呼包鄂乌人口就近城镇化无显著性影响，未通过 10% 的显著性检验，原因可能是在户籍制度放宽的情况下，旗县中城镇户籍人口的占比增加，不能表明城乡人口比与人口就近城镇化有关。第一产业 GDP 的增加对呼包鄂乌各旗县人口就近城镇化有抑制作用，第一产业产值越高，人口就近城镇化程度越低，第一产业产值每增加 1 个百分点，年末户籍人口减少 0.551 个百分点，原因可能是第一产业的生产主要依靠劳动力数量的投入，因此第一产业产值的增加，表明越多的劳动力参与农业生产，人口就近城镇化越缓慢；第二产业 GDP 的增加对呼包鄂乌各旗县人口就近城镇化起抑制作用，第二产业产值越高，人口就近城镇化程度越低，第二产业产值每增加 1 个百分点，年末户籍人口减少 0.267 个百分点，原因可能是在第二产业发展的过程中，机械化水平和发展程度正相关，第二产业的产值越高，机械化程度越高所需的劳动力越少，无法提供充足的就业岗位，从而无法促进就近城镇化。

当分析人口性别比、城乡人口比、第一产业 GDP、第二产业 GDP 以及第三产业 GDP 对呼包鄂乌各旗县人口就近城镇化的影响时，仅有人口性别比通过了 10% 的显著性检验。并且在解释变量加入第三产业 GDP 后，第一产业 GDP 和第二产业 GDP 均未通过 10% 的显著性检验。原因可能是多重共线性的影响,第三产业 GDP 的存在影响了第一产业 GDP 和第二产业 GDP 的显著性,说明第三产业在该地区经济发展中起主导作用。

当分析人口性别比、城乡人口比、第三产业 GDP 以及第三产业 GDP 的平方对呼包鄂乌各旗县人口就近城镇化的影响时,第三产业 GDP 的增加对呼包鄂乌各旗县人口就近城镇化有抑制作用,第三产业发展水平越高,人口就近城镇化程度越低,第三产业的产值每增加 1 个百分点,年末户籍人口减少 6.799 个百分点,并且通过了 5% 的显著性检验;但第三产业 GDP 平方的增加对呼包鄂乌各旗县人口就近城镇化有推动作用,第三产业产值的平方数值越大,人口就近城镇化程度越高,第三产业产值的平方每增加 1 个百分点,年末户籍人口增加 0.248 个百分点,并且通过了 5% 的显著性检验,表明第三产业的发展对呼包鄂乌各旗县人口就近城镇化有先抑制后促进的作用。当第三产业发展水平较低时,无法提供更多的就业岗位来满足农村迁入人口的需求;当第三产业发展水平较高时,能提供高质量的服务,居民对服务业需求增加会促进第三产业规模扩大,从而吸引农村人口流入小城镇。目前呼包鄂乌各旗县第三产业的发展还处于较落后阶段即第三产业发展抑制人口就近城镇化发展的阶段。

三 社会保障水平对呼包鄂乌人口就近城镇化的影响

(一)模型设计

本书以呼包鄂乌各旗县面板数据为基础,分析人口就近城镇化,所以选用面板回归模型,如公式(3-2)所示。

$$\begin{aligned}DC_{i,t} = &\beta_{0i} + \beta_{1,i}PFBE_{i,t} + \beta_{2,i}PASN_{i,t} + \beta_{3,i}MP_{i,t} + \\ &\beta_{4,i}IBAH_{i,t} + \beta_{5,i}BMIP_{i,t} + \beta_{6,i}\ln PFBE_{i,t} + \\ &\beta_{7,i}\ln PASN_{i,t} + \beta_{8,i}\ln IBAH_{i,t} + \beta_{9,i}HM_{i,t} + \mu_{i,t}\end{aligned} \quad (3-2)$$

其中，字母 i 代表个体编号，字母 t 代表年份，DC_i（Demographic Changes）代表第 i 个个体的人口变动，$PFBE_i$（Public Financial Budget Expenditure）代表第 i 个个体的公共财政预算支出，$PASN_i$（Primary and Secondary Schools）代表第 i 个个体的中小学数量，MP_i（Medical Personnel）代表第 i 个个体的医疗卫生机构技术人员，$IBAH_i$（Internet Broadband Access Households）代表第 i 个个体的互联网宽带接入用户，$BMIP_i$（Basic Medical Insurance Program）代表第 i 个个体的基本医疗保险参保人数，HM_i（Highway Mileage）代表第 i 个个体的公路里程。β_{0i} 为常数项，$\beta_{1,i}$ 到 $\beta_{9,i}$ 各自代表解释变量与被解释变量之间的关联程度，$\mu_{i,t}$ 为随机误差项。

（二）数据来源及变量选择

本节研究社会保障水平对呼包鄂乌人口就近城镇化的影响，数据来源于历年《内蒙古统计年鉴》和呼包鄂乌四市统计年鉴。以人口变化为被解释变量，并做对数处理，衡量人口就近城镇化水平，选取公共财政预算支出代表政府对社会保障的投入、选取中小学数量代表基础教育保障水平、选取医疗卫生机构技术人员和基本医疗保险参保人数代表医疗保障水平、选取公路里程代表交通设施保障、选取互联网宽带接入用户代表现代化服务水平，并对公共财政预算支出、中小学数量以及互联网宽带接入用户做对数处理，研究其对呼包鄂乌人口就近城镇化的影响，以更加深入地把握呼包鄂乌人口就近城镇化的作用机理。

（三）实证研究

某一地区的社会保障水平是指在一定时期内一个地区的社会成员所享受社会保障的高低程度，它代表着一个地区为其居民所提供的保障的程度和水平，社会保障水平是社会保障体系中的关键要素，直接反映着社会保障资金的供求关系，并间接反映着社会保障体系的运行状况，衡量指标包括地区公共财政预算支出、教育投入、医疗水平以及各类基础设施建设。社会保障水平对呼包鄂乌就近城镇化的影响回归结果，见表3-13。

表3-13 社会保障水平对呼包鄂乌就近城镇化的影响回归结果

	(1)	(2)	(3)	(4)
公共财政预算支出	-0.78 (-1.50)	—	0.003** (2.24)	—
中小学数量	0.008* (4.26)	0.02** (3.27)	—	—
医疗卫生机构技术人员	0.009 (1.03)	0.001* (1.75)	—	—
基本医疗保险参保人数	0.04** (-2.02)	0 (-1.40)	-0.007*** (-3.38)	—
ln公共财政预算支出	—	-0.729** (-3.27)	—	-1941.7 (-1.31)
公路里程	—	—	0.284* (1.78)	-0.103 (-0.07)
互联网宽带接入用户	—	—	0.00603 (0.54)	—
ln中小学数量	—	—	—	4269.6** (2.20)
ln互联网宽带接入用户	—	—	—	-929.0* (-1.82)
常数	6.818*** (19.42)	15.00*** (5.92)	-1462.9*** (-3.90)	21011.6 (1.23)
观测值	134	134	105	105

注：*、**、***分别代表在10%、5%、1%的水平下显著。

宏观分析可知，当以人口数量的对数变化为被解释变量分析公共财政预算支出、中小学数量、医疗卫生机构技术人员以及基本医疗保险参保人数对呼包鄂乌人口就近城镇化的影响时，结果如下。公共财政预算支出未通过10%的显著性检验，表明公共财政预算支出对人口数量变化无显著性影响；中小学数量越多，人口数量变化越显著即人口就近城镇化发展水平越高，中小学数量每增加1个百分点，年末户籍人口增加0.008个百分点，并且通过了10%的显著性检验，原因可能是中小学数量越多表明该地区师资力量越雄厚，基础教育水平越高，能够满足更多适龄儿童接受义务教育的需求，吸引更多的农村人口迁入城镇，从而促进人口就近城镇化；医疗卫生机构技术人员未通过10%的显著性检验，表明医疗卫生机构技术人员对人口数量变化无显著性影响；基本医疗保险参保人数越多，人口数量变化越小即人口就近城镇化进程越缓慢，并且基本医疗保险参保人数通过了5%的显著性检验，原因可能是医疗保险在农村居民中逐渐普及，但距离城市医疗保险还有一定的差距，即使农村医疗保险类型逐渐完善，其与城市医疗保险水平差距也没有缩小，农村人口因医疗条件迁入小城镇的意愿降低。

当以人口数量的对数变化为被解释变量分析公共财政预算支出的对数、中小学数量、医疗卫生机构技术人员以及基本医疗保险参保人数对呼包鄂乌人口就近城镇化的影响时，可得出以下结论。中小学数量越多，人口就近城镇化发展水平越高，中小学数量每增加1个百分点，年末户籍人口增加0.02个百分点，并且通过了5%的显著性检验；医疗卫生机构技术人员越多，人口数量变化越大即人口就近城镇化进程越快，并且通过了10%的显著性检验，原因可能是小城镇医疗卫生机构技术人员越多，表明医疗服务水平越高，能够满足更多居民对医疗服务的需求，吸引农村人口迁入的同时也会降低小城镇居民迁出的意愿；基本医疗保险参保人数对人口数量变化无显著性影响，未通过10%的显著性检验；公共财政预算支出越多，人口数量变化越小，即人口就近城镇化进程越缓慢，公共财政预算支出每增加1个百分点，年末户籍人口减少0.729个百分点，并且通过了5%的显著性检验，原因可能是呼包鄂乌各旗县基础设施薄弱，在公共财政预算支出投入前期，需要大量资金，但建设周期长，短时间内居民无法享受公共财政预算支出带来的福利，因此居民会选择迁入基础设施完备的大城镇，造成人口流失，阻碍人口就近城镇化发展。

当以人口数量变化为被解释变量分析公共财政预算支出、基本医疗保险参保人数、公路里程以及互联网宽带接入用户对呼包鄂乌人口就近城镇化的影响时，可得出以下结论。公共财政预算支出越多，人口数量变化越大，即人口就近城镇化发展水平越高，公共财政预算支出每增加1个百分点，年末户籍人口增加0.003个百分点，并且通过了5%的显著性检验，原因可能是随着公共财政预算支出增加，基础设施建设逐渐完善，社会福利水平提高，旗县与城区差距逐渐缩小，小城镇居民迁出的意愿降低，农村居民迁入小城镇的意愿增强，推动人口就近城镇化；基本医疗保险参保人数越多，人口数量变化越小，基本医疗保险参保人数每增加1个百分点，年末户籍人口减少0.007个百分点，并且通过了1%的显著性检验；公路里程越长，人口数量变化越大，即人口就近城镇化进程越快，公路里程每增加1个百分点，年末户籍人口增加0.284个百分点，并且通过了10%的显著性检验，原因可能是公路里程数的增加连接了城镇与乡村，使人口流动更加便利，农村人口迁入小城镇成本降低，促进人口就近城镇化；互联网宽带接入用户数量对人口数量变化无显著性影响，未通过10%的显著性检验。

当以人口数量变化为被解释变量分析公共财政预算支出的对数、公路里程、中小学数量的对数以及互联网宽带接入用户的对数对呼包鄂乌人口就近城镇化的影响时,可得出以下结论。公共财政预算支出对人口数量变化无显著性影响,未通过10%的显著性检验;公路里程对人口数量变化无显著性影响,未通过10%的显著性检验;中小学数量越多,人口数量变化越大,即人口就近城镇化发展速度越快,并且通过了5%的显著性检验,原因可能是教育水平与经济发展水平呈正相关,经济发展水平与人口就近城镇化正相关,因此教育水平的提高能够推动人口就近城镇化发展;互联网宽带接入用户数量越多,人口数量变化越少,即人口就近城镇化发展速度降低,并且通过了10%的显著性检验,原因可能是互联网的普及会拓宽获取外界信息的渠道,进而打破信息壁垒,小城镇居民和农村居民在了解东西部差异后,会增强迁入东部发达地区的意愿,阻碍就近城镇化进程。

四 小结

本章使用历年《内蒙古统计年鉴》与呼包鄂乌四市统计年鉴相关数据,对呼包鄂乌城市群人口就近城镇化的影响因素进行研究。首先,分析呼包鄂乌城市群人口就近城镇化发展情况,采用描述性统计对2005—2020年四市城区和旗县年末户籍人口变化、居民收入变化、三大产业发展进行分析。其次,运用面板数据建立模型分别分析经济发展水平、社会保障水平以及城镇化对呼包鄂乌人口就近城镇化的影响。最后通过上述研究得出如下结论。

第一,呼包鄂乌各旗县地区经济发展还处于较低水平,对人口就近城镇化未起到显著的促进作用。具体而言,三大产业生产总值与人口就近城镇化呈负相关,而第三产业生产总值的平方和人口性别比均与人口就近城镇化呈正相关,表明第三产业的发展与男性人口的增加推动人口就近城镇化发展。

第二，呼包鄂乌各旗县地区社会保障水平正在逐步完善，有利于推动人口就近城镇化进程。具体而言，公共财政预算支出、中小学数量、医疗卫生机构技术人员以及公路里程均与人口就近城镇化呈正相关，表明教育、医疗以及交通保障等与居民生活相关的基础设施的完善有利于促进人口就近城镇化。

第三，呼包鄂乌地区异地城镇化水平的提高，一定程度上抑制就近城镇化的发展。具体而言，大城市较高的经济发展水平和社会保障水平吸引了更多的劳动力，异地城镇化不利于乡村振兴以及呼包鄂乌四地区均衡发展，易造成"城市病""农村空心化"等问题。从政府角度看，我国的城市化进程既要推进就近城镇化，实现农村人口的有序转移，又要保证农村人口不过度向大城市聚集，避免"大城市病"等问题的出现，此外，还要避免大量农民进城后生活不适应，在经济方面面临挑战时无法有效就业而导致社会不稳定。

根据以上研究结论，为更好促进呼包鄂乌城市群人口就近城镇化发展，应当提出相关政策来提高旗县地区经济发展水平，建立支柱性产业、增加就业机会并提升教育水平和医疗卫生条件，同时，所提出的政策建议应具有针对性，对于不同区域的不同现实条件制定不同的方针政策，以此来吸引更多农村人口流入。

第四章　呼包鄂乌城市群人口就近城镇化小城镇空心化问题

一　呼包鄂乌人口就近城镇化小城镇空心化现状分析

城镇空心化是指城镇建设用地外延内空，城镇聚落逐渐空心化，导致很多城镇出现了不同程度的城镇中心衰败、外围扩展无序的空心城现象。随着我国工业化、城镇化的进程不断加快，城镇化发展会将很多农村劳动力和小城镇劳动力吸引到大城市中，从而造成小城镇空心化现象。城市群是城市发展到成熟阶段的最高空间组织形式，是由几个城市所构成的一个庞大的城市化区域。内蒙古自治区位于我国北方，经济发展水平较低，但是最近几年随着呼和浩特市、包头市以及鄂尔多斯市等一批新兴城市的崛起，内蒙古自治区也逐步走上了城镇化集群的道路。按照未来规划，内蒙古自治区要形成的城市群就是新近提出的"呼包鄂乌城市群"，即在呼包鄂乌的大框架内细化出的一个本区域的城市群。但是随着"呼包鄂乌城市群"的设立，将会造成靠近"呼包鄂乌城市群"的小城镇空心化问题。

本章基于历年《内蒙古统计年鉴》和呼包鄂乌四市统计年鉴数据，对呼包鄂乌城市群周围的小城镇人口空心化现状及影响因素进行分析，以期准确把握呼包鄂乌周围小城镇人口空心化现状。

（一）各旗县户籍总人口变动情况

根据历年《内蒙古统计年鉴》，2005年呼和浩特市武川县户籍总人口为17.2万人，2020年户籍总人口减少至16.7万人，增长率为-2.91%，土默特左旗、托克托县、和林格尔县、清水河县的增长率分别为2.80%、1.99%、10.6%和1.75%，全部低于呼和浩特市户籍总人口增长率18.03%，具体数值见表4-1。

表4-1　　　　　呼和浩特市各旗县户籍人口数　　　　　（人）

年份	土默特左旗	托克托县	和林格尔县	清水河县	武川县
2005	349756	195879	184249	136826	172003
2006	352919	196827	186902	133236	173065
2007	357024	199921	190950	141942	174452
2008	360806	200798	194585	143860	175700
2009	362940	204667	196918	145250	176031
2010	363739	205758	198351	146009	176112
2011	367036	207109	200397	147007	176007
2012	359793	207816	198193	143401	173902
2013	364859	207912	202067	144285	174837
2014	370335	206900	204796	144233	175490
2015	365819	203144	200883	142047	172985
2016	365925	203936	202240	142482	173552
2017	362700	202300	202500	142000	171900

续表

年份	土默特左旗	托克托县	和林格尔县	清水河县	武川县
2018	363393	202439	204003	141331	171100
2019	363564	201542	204869	140944	169441
2020	359107	199763	203893	139297	167023

2020年包头市户籍总人口为224.08万人，与2005年相比增加了14.76万人，增长率为7.05%，但在2011年包头市各旗县年末户籍总人口开始减少，其中土默特右旗流失人口最多，达到83498人，占总人口的23.17%，直到2015年包头市各旗县人口流失现象才得以减缓，见表4-2。

表4-2　　　　　　包头市各旗县户籍人口数　　　　　　（人）

年份	土默特右旗	固阳县	达茂旗
2005	315300	176800	102229
2006	316378	177410	101301
2007	310600	174400	122000
2008	306900	173200	120400
2009	364559	215613	115114
2010	360298	211324	114312
2011	276800	174300	101200
2012	278500	173900	100100
2013	280100	172900	98900
2014	286500	170500	97800
2015	364536	205102	112788

续表

年份	土默特右旗	固阳县	达茂旗
2016	365616	200435	111846
2017	364200	200100	111600
2018	362914	199040	110991
2019	362417	198309	110531
2020	352741	197112	109520

2020年鄂尔多斯市户籍总人口为164.42万人，与2005年相比增长了26.56万人，增长率为19.27%，总体来看鄂尔多斯市户籍总人口呈递增趋势。鄂尔多斯市达拉特旗2005年户籍总人口为33.64万人，2020年户籍总人口增加至37.20万人，增长率为10.58%，与鄂尔多斯市户籍总人口增长率相比，低于鄂尔多斯市户籍总人口增长率，见表4－3。

表4－3　　　　鄂尔多斯市各旗县户籍人口数　　　　（人）

年份	达拉特旗	准格尔旗	鄂托克前旗	鄂托克旗	杭锦旗	乌审旗	伊金霍洛旗
2005	336455	271623	72415	92838	133732	97236	143718
2006	341467	277949	73368	93945	137069	100991	147892
2007	348546	285433	74226	94720	138880	103066	151603
2008	348621	288432	75141	95682	141385	104623	155874
2009	352761	296571	75782	96432	143884	106978	159752
2010	364161	307901	75961	97853	145756	107808	164212
2011	368664	312632	76085	98852	146626	108925	167004
2012	457563	308737	76279	96588	142279	108797	167523

续表

年份	达拉特旗	准格尔旗	鄂托克前旗	鄂托克旗	杭锦旗	乌审旗	伊金霍洛旗
2013	362444	314673	77147	97023	143264	109706	170210
2014	363746	320396	78320	97697	142613	110523	171561
2015	364257	324205	78750	97650	142379	111510	173699
2016	369306	326516	79556	97910	143540	113377	174850
2017	370000	328500	80300	98000	144000	114800	175900
2018	370933	330651	80920	98140	144051	116277	177661
2019	372061	332352	81386	98238	143672	116962	178796
2020	372034	333532	81687	97973	142817	117547	180245

2005年乌兰察布市户籍总人口为272.52万人，2020年户籍总人口减少至266.50万人，增长率为-2.2%。具体而言，乌兰察布市卓资县、商都县和察哈尔右翼中旗在2005—2011年户籍总人口保持增长，但是从2012年后户籍总人口开始流失，原因可能是经济发展速度低于户籍总人口增长速度，无法提供充足就业岗位，具体数值见表4-4。

表4-4　　　　　乌兰察布市各旗县户籍人口数　　　　　（人）

年份	卓资县	商都县	兴和县	凉城县	察哈尔右翼前旗	察哈尔右翼中旗	察哈尔右翼后旗	四子王旗
2005	223906	338332	305064	236604	234253	212719	209355	204116
2006	223514	342795	308863	241871	242384	211148	211746	205563
2007	226144	346985	317286	246038	247285	219038	217877	210646
2008	226593	349088	321515	248700	250238	220872	219903	213706
2009	226628	350052	327295	250898	253017	224546	222299	216990

续表

年份	卓资县	商都县	兴和县	凉城县	察哈尔右翼前旗	察哈尔右翼中旗	察哈尔右翼后旗	四子王旗
2010	220731	346033	329776	247194	249224	223468	219513	215257
2011	220043	347174	334112	248669	254969	223824	220732	216541
2012	215049	342918	330666	245501	233100	232643	217919	214034
2013	214158	342850	330798	244364	221177	223643	214698	215092
2014	205757	334186	322231	243871	219484	222367	213584	214823
2015	204245	333183	319477	237988	217146	204601	209934	212666
2016	203646	332999	320005	236592	216558	204556	209411	213129
2017	201000	331700	320000	235500	216000	203000	208000	212500
2018	200008	331505	319415	234897	215504	202192	206753	212361
2019	196835	329234	317312	232580	212143	199326	204683	211064
2020	195621	325349	314474	230867	208477	195939	201871	209112

（二）城镇人口数与乡村人口数变动情况

改革开放后，除了北上广深，其他地区传统户籍制度的约束力度越来越小，中国的人口流动规模不断扩大，中西部剩余劳动力不断流向东部地区的现象也越来越普遍，随着中国市场经济体制改革的不断深化和城镇化进程的发展，大规模人口流动到东部沿海发达地区的现象将长期存在。随着内蒙古自治区经济的高速发展，其主要城市呼包鄂乌的迁移流动人口也在不断增加，呼包鄂乌周围城镇的人口流失现象尤其严重。

如表4-5所示，呼和浩特市的四个主要城区，新城区、赛罕区、回民区和玉泉区的城镇人口在迅速增加，尤其是赛罕区和新城区的城镇人口，在2020年分别突破了40万人和50万人，城镇化进程显著；而武川县、清水河县、和林格尔县和托克托县的城镇人口在不断减少，主要劳动力在减少，这些小城镇正在不断出现空心化现象。

表4-5　　　　　　　　呼和浩特市城镇人口数　　　　　　　　（人）

年份	新城区	回民区	赛罕区	玉泉区	土默特左旗	托克托县	和林	清水河	武川
2011	311718	206310	257455	148600	48392	46828	48932	58906	48422
2012	317257	208543	263779	150801	48501	46938	46905	56266	45856
2013	319308	206249	294438	148384	46845	46983	60073	69256	44215
2014	326430	207265	306378	151654	46984	46667	59576	67488	33203
2015	334083	209526	322748	152853	47635	45963	29943	30865	36031
2016	377858	205944	355597	161062	53486	56428	29735	20402	32914
2017	382901	236162	484800	158720	100695	56222	42627	30131	40008
2018	390305	234606	479325	172099	91884	55096	43703	29643	40085
2019	399571	230547	480338	171633	103595	54689	43297	29267	38226
2020	411004	230822	508992	172498	99592	53283	42373	28546	37114

如表4-6所示，包头市城镇人口在不断流失，其中昆都仑区最为明显，在2011年昆都仑区的城镇人口超过70万人，但随着小城镇空心化现象不断加剧，到2016年昆都仑区城镇人口减少到不足50万人，青山区、东河区、白云鄂博矿区和土默特右旗的城镇人口也在减少，随着城镇人口的减少，在这些小城镇的消费水平也会随之降低，用于文教娱乐的支出也随之减少，使小城镇空心化程度加剧。

表 4-6　　　　　　　　　包头市城镇人口数　　　　　　　　　（人）

年份	东河区	昆都仑区	青山区	九原区	石拐区	白云鄂博	土右旗	固阳	达茂旗
2011	467800	707200	475700	138300	27300	26600	111000	52600	45400
2012	476900	724600	488400	143300	25500	26800	114200	54000	45600
2013	480541	733359	494000	149600	26900	27000	140300	59700	53100
2014	487300	742100	500100	201900	30700	27300	147700	59800	46900
2015	374493	491349	375309	67009	35222	17638	98680	47303	60798
2016	349262	498859	380586	90878	26753	17095	67443	29499	33445
2017	331450	469426	365363	84607	26619	15864	67182	29450	33371
2018	314546	441730	350748	78770	26486	14722	66945	29294	33189
2019	298504	415668	336718	73334	26354	13662	66853	29186	33052
2020	283280	391144	323249	68274	26222	12678	65068	29010	32749

如表 4-7 所示，鄂尔多斯市东胜区城镇人口不断增加，2011 年城镇人口有 18 万人，而到了 2016 年城镇人口超过 25 万人，城镇化进程迅速，与此相对应的是伊金霍洛旗、乌审旗、杭锦旗城镇人口从 2011 年开始出现城镇人口减少现象，城镇人口减少是一个小城镇开始出现空心化现象的标志，最后小城镇空心化的结果是小城镇男女比例失衡，青少年和老年人比例失衡，消费水平降低。

表 4-7　　　　　　　　　鄂尔多斯市城镇人口数　　　　　　　　　（人）

年份	东胜区	达拉特旗	准格尔旗	鄂托克前旗	鄂托克旗	杭锦旗	乌审旗	伊金霍洛旗
2011	182000	67000	81000	22000	40000	78822	57409	94793
2012	183000	65000	79000	21000	38000	72967	58643	95535
2013	188000	66000	80000	22000	38000	68220	59381	97635

续表

年份	东胜区	达拉特旗	准格尔旗	鄂托克前旗	鄂托克旗	杭锦旗	乌审旗	伊金霍洛旗
2014	193000	66000	82000	22000	38000	69743	59598	92793
2015	231000	68000	83000	24000	38000	28875	26120	44149
2016	257000	68000	69000	24000	38000	27967	24987	44581
2017	243000	69000	70000	24000	38000	28057	25301	44849
2018	246000	69000	70000	24000	38000	28067	25626	45298
2019	248000	69000	70000	24000	38000	27993	25777	45587
2020	251000	69000	70000	24000	38000	27826	25906	45957

如表4-8所示，乌兰察布市集宁区城镇人口变化幅度基本维持不变，2011年的城镇人口为26万人，而到了2020年依旧是26万人，而兴和县的城镇人口变化幅度较大，2011年只有50万人，而到了2016年有将近100万人，城镇人口增加了近一倍，城镇化进程迅速。与此相对应的其他各地城镇人口变化幅度较小。

表4-8　　　　　　乌兰察布市城镇人口数　　　　　　（人）

年份	集宁区	卓资县	化德县	商都县	兴和县	凉城县	察右前旗	察右中旗	察右后旗	四子王旗	丰镇
2011	262566	43607	30151	58006	51610	44065	50661	33543	39527	65743	171944
2012	284801	43138	31812	57437	51686	44686	49987	32748	37794	44327	107036
2013	278327	44088	31775	57671	52392	44886	46353	24879	43877	56573	163668
2014	280051	42594	30669	56683	51221	45646	45331	22632	35230	56623	163239
2015	255806	53688	37153	73181	124460	46438	91585	36127	44875	47965	95803
2016	256737	53316	36882	73164	99855	46139	89034	35887	40733	47817	119602
2017	255270	52397	36621	72737	99615	45833	88013	35614	40459	47676	118725

续表

年份	集宁区	卓资县	化德县	商都县	兴和县	凉城县	察右前旗	察右中旗	察右后旗	四子王旗	丰镇
2018	256144	51407	36131	71979	99093	44913	86785	35472	40216	47645	118061
2019	258668	50339	35608	71025	98172	44100	85102	34969	39813	47354	117201
2020	260266	49570	34915	70078	97243	43622	83741	34375	39266	46916	115820

如表4-9所示，呼和浩特市四个主要城区赛罕区、新城区、回民区和玉泉区的乡村人口数在2011—2020年不断减少，并且武川县、土默特左旗以及和林格尔县的乡村人口也在减少，表明了在户籍制度管理越来越松的城镇化进程中，乡村的劳动力和大城镇周围的小城镇的劳动力不断被吸引到大城镇中，使得大城镇的城镇化进程加快，而小城镇的空心化问题加剧。

表4-9　　　　呼和浩特市乡村人口数　　　　（人）

年份	新城区	回民区	赛罕区	玉泉区	土默特左旗	托克托县	和林	清水河	武川
2011	49520	31041	150946	50010	315347	158930	151465	88101	127585
2012	50265	30788	153118	50456	318535	160171	151288	87135	128046
2013	49549	30118	122301	49763	312948	160833	141994	75029	130622
2014	50436	30449	124395	48630	317875	161245	145220	76745	142287
2015	51191	30992	127045	49635	322700	160937	170940	111182	136954
2016	15266	31191	112939	41097	312333	146716	172505	122080	140638
2017	15127	1986	18098	43844	265230	147714	159873	111869	131892
2018	15258	2900	22261	30356	270677	147237	160300	111688	131015
2019	15457	5574	42261	30824	259798	147750	161572	111677	131215
2020	15354	5579	32785	31211	263368	147690	161520	110751	129909

如表 4-10 所示，包头市昆都仑区的乡村人口在 2011—2016 年呈递减趋势，出现人口流失现象，原因可能是昆都仑区的基础医疗和基础教育资源匮乏，使人口流向基础设施配套更为完善的地区。

表 4-10　　　　　　　　包头市乡村人口数　　　　　　　　（人）

年份	东河区	昆都仑区	青山区	九原区	石拐区	土右旗	固阳	达茂旗
2011	54900	31700	14200	63500	7900	165800	121700	55800
2012	54100	26200	9500	64900	7000	164300	119900	54500
2013	57759	26441	10200	63200	6700	139800	113200	45800
2014	54000	25800	9700	14200	7400	138800	110700	50900
2015	49624	18969	8915	97239	20449	265856	157799	51990
2016	68145	16248	8982	76962	25361	298173	170936	78401
2017	71416	14623	8317	80194	—	298434	170650	78229
2018	74844	13161	7702	83563	—	297255	169746	77802
2019	78436	11845	7132	87072	—	296061	169123	77479
2020	82201	10660	6604	90729	—	297349	168102	76771

如表 4-11 所示，乌兰察布市兴和县和商都县的乡村人口在 2011—2020 年呈递减趋势，而集宁区的乡村人口呈递增趋势，表明乌兰察布市既存在空心化也存在城镇化现象。原因可能是兴和县和商都县无支柱性产业，无法满足乡村人口的就业需求，导致乡村人口的不断流失。

表 4-11　　　　　　　乌兰察布市乡村人口数　　　　　　　（人）

年份	集宁区	卓资县	化德县	商都县	兴和县	凉城县	察右前旗	察右中旗	察右后旗	四子王旗	丰镇
2011	40612	176436	147710	289168	283502	204604	204308	190281	181205	150798	168627

续表

年份	集宁区	卓资县	化德县	商都县	兴和县	凉城县	察右前旗	察右中旗	察右后旗	四子王旗	丰镇
2012	36716	171911	145071	285481	278980	200815	183113	199895	180125	169707	232427
2013	35970	170070	141587	285179	278406	199478	174824	198764	170821	158519	174592
2014	36433	163163	134894	277503	271010	198225	174153	199735	178354	158200	175218
2015	60197	150557	127718	260002	195017	191550	125561	168474	165059	164701	222758
2016	60238	150330	127660	259835	220150	190453	127524	168669	168678	165312	197121
2017	58520	149581	127101	258933	220443	189672	128217	167386	167541	164824	195675
2018	58123	148500	126765	259494	220336	189819	128466	166720	166537	164716	194582
2019	57503	146751	126067	257701	218934	188105	126669	164357	164870	163710	193163
2020	57018	146051	124442	255271	217231	187245	124736	161564	162605	162196	190888

（三）人口流动

由表4-12可知，呼和浩特市新城区、回民区和玉泉区的乡村人口转城镇人口从2015年开始呈跨越式增长，而赛罕区由于在2015年乡村人口转城镇人口的人数较多，所以在以后年间的乡村人口转城镇人口增长率并不是递增式的增长，但从总体来看呼和浩特市四个主要城区的农村劳动力还是在不断流向城市。托克托县、清水河县和武川县的乡村人口转城镇人口是在不断减少的，可以表明呼和浩特市小城镇的城镇化进程在减速；而呼和浩特市总的城镇化人口在增加，可以表明小城镇的空心化现象在加剧。劳动力的流失是空心化最直接的体现。

表 4-12　　　　呼和浩特市乡村人口转城镇人口数　　　　　　(人)

年份	新城区	回民区	赛罕区	玉泉区	土默特左旗	托克托县	和林格尔县	清水河县	武川县
2015	1348	635	3010	1775	124	210	208	98	131
2016	1331	546	1503	607	47777	158	68	31	21
2017	1496	728	1111	14651	932	7142	13456	10343	8030
2018	2041	806	3230	819	12854	84	941	15	13
2019	2653	1126	3239	809	165	80	153	88	69
2020	3025	2240	2983	2317	196	74	468	92	83

二　小城镇空心化对居民消费的影响

(一) 模型设计

本节以呼和浩特市各旗县面板数据为基础，分析小城镇空心化对呼和浩特市居民消费的影响，所以选用面板回归模型，如公式 (4-1) 所示。

$$TRSFSC_{i,t} = \alpha_{0i} + \alpha_{1,i} PIE_{i,t} + \alpha_{2,i} SIE_{i,t} + \alpha_{3,i} TIE_{i,t} + \alpha_{4,i} PSR_{i,t} + \alpha_{5,i} URPR_{i,t} + \mu_{i,t} \quad (4-1)$$

其中，i 代表个体编号，t 代表年份，$TRSFSC_i$ (Total Retail Sales for Social Consumption) 代表第 i 个个体的社会消费品零售总额，PIE_i (Primary Industry Employment) 代表第 i 个个体的第一产业就业人数，SIE_i (Secondary Industry Employment) 代表第 i 个个体的第二产业就业人数，TIE_i (Tertiary Industry Employment) 代表第 i 个个体的第三产业就业人数，PSR_i (Population Sex Ratio) 代表第 i 个个体的人口性别比，$URPR_i$ (Urban Rural Population Ratio) 代表第 i 个个体的城乡人口比，α_{0i} 为常数项，$\alpha_{1,i}$ 到 $\alpha_{5,i}$ 各自代表解释变量与被解释变量之间

的关联程度，$\mu_{i,t}$ 为随机误差项。

（二）数据来源及变量选择

本节研究小城镇空心化对呼包鄂乌居民消费的影响，以呼和浩特市各旗县为例，数据来源于历年《内蒙古统计年鉴》和《呼和浩特市统计年鉴》。以社会消费品零售总额为被解释变量，衡量居民消费水平，选取第一产业就业人数、第二产业就业人数、第三产业就业人数、人口性别比以及城乡人口比代表小城镇空心化程度，研究小城镇空心化对呼包鄂乌居民消费的影响，以更加深入地把握影响呼包鄂乌居民消费水平的作用机理。

（三）实证研究

某一地区的居民消费水平是指居民在物质产品和劳务的消费过程中，对满足人们生存、发展和享受需要方面所达到的程度，通过消费的物质产品和劳务的数量和质量反映出来，居民消费水平，是按地区生产总值口径，即包括劳务消费在内的总消费进行计算的，居民的消费水平在很大程度上受整体经济状况的影响。居民收入稳定，GDP 持续增长，居民用于消费的支出较多，消费水平较高；反之，经济收缩时，收入下降，GDP 持续降低，用于消费的支出较少，消费水平随之下降。小城镇空心化对呼和浩特市居民消费的影响回归结果，见表 4 – 13。

表 4 – 13　小城镇空心化对呼和浩特市居民消费的影响回归结果

	（1）	（2）	（3）	（4）
第一产业就业人数	-2.978*** (-4.81)	-0.772 (-1.19)	—	-2.981*** (-4.75)
第二产业就业人数	4.925** (3.07)	5.453*** (4.02)	3.97*** (4.73)	4.496** (2.71)

续表

	(1)	(2)	(3)	(4)
第三产业就业人数	-1.246 (-1.37)	-1.684** (-2.18)	-2.87*** (-2.50)	-1.018 (-1.08)
人口性别比	—	-333*** (-5.75)	-3.81*** (-9.47)	—
城乡人口比	—	—	0.02 (0.81)	66341.1 (1.32)
常数	44*** (5.07)	385*** (6.39)	4293585*** (9.53)	264557.2*** (4.48)
观测值	91	91	87	87

注：*、**、*** 分别代表在10%、5%、1%的水平下显著。

宏观分析可知，当分析第一产业就业人数、第二产业就业人数以及第三产业就业人数对呼和浩特市各旗县居民消费水平的影响时，可得以下结论。第一产业就业人数越多即更多劳动力进行农业生产，小城镇空心化越严重，社会消费品零售总额越少，居民消费水平越低，第一产业就业人数每增加1个百分点，社会消费品零售总额减少2.978个百分点，并且通过了1%的显著性检验，原因可能是在呼和浩特市各旗县内第一产业产值较少，从事农业生产的人均可支配收入较低，恩格尔系数较大，所获得的收入大部分用于维持基本的生活开支，因此用于购买其他社会消费品支出较少，总体消费水平较低；第二产业就业人数越多即越多的劳动力进行工业生产，社会消费品零售总额越多，居民消费水平越高，第二产业就业人数每增加1个百分点，社会消费品零售总额增加4.925个百分点，并且通过了5%的显著性检验，原因可能是在呼和浩特市各旗县内第二产业产值较多，从事工业生产的人均可支配收入要大于从事农业生产的人均可支配收入，恩格尔系数较小，所获得的收入在满足基本生活开支后，仍有一部分闲置资金可购买其他社会消费品；第三产业就业人数对社会消费品零售总额无显著性影响，未通过10%的显著性检验。

当分析第一产业就业人数、第二产业就业人数、第三产业就业人数以及人口性别比对呼和浩特市居民消费水平的影响时，可得以下结论。第一产业就业人数对社会消费品零售总额无显著性影响，未通过10%的显著性检验；第二产业就业人数越多，社会消费品零售总额越大，第二产业就业人数每增加1个百分点，社会消费品零售总额增加5.453个百分点，并且通过了1%的显著性检验，原因可能是在呼和浩特市各旗县内工业还未实现机械化生产，需要大量的劳动力投入，吸引农村剩余劳动力迁入小城镇，小城镇空心化不明显，第二产业越发达，所生产的社会消费品越多，社会消费品的供给增多，同类消费品间的竞争加剧，导致社会消费品的价格下降，需求相应增加，所以社会消费品零售总额增加；第三产业就业人数越多，社会消费品零售总额越低，第三产业就业人数每增加1个百分点，社会消费品零售总额降低1.684个百分点，并且通过了5%的显著性检验，原因可能是在呼和浩特市各旗县第三产业基础薄弱，发展缓慢，供需不匹配，无法满足居民对服务业的需求，居民选择迁入第三产业完善的大城镇，造成小城镇空心化，因此小城镇内消费者人数减少，居民消费总量减少。人口性别比差别越大，社会消费品零售总额越低，居民消费水平越低，并且通过了1%的显著性检验。

当分析第二产业就业人数、第三产业就业人数、人口性别比以及城乡人口比对呼和浩特市居民消费水平的影响时，可得以下结论。第二产业就业人数、第三产业就业人数以及人口性别比三个变量均通过了1%的显著性检验，仅城乡人口比未通过10%的显著性检验，说明城乡人口比即城镇和乡村人口数量的变化对社会消费品零售总额无显著性影响,原因可能是在乡村振兴战略等国家政策的扶持下,呼和浩特市周边乡村经济快速发展,农村人均可支配收入与城镇居民人均可支配收入差距逐渐缩小,农村居民和城镇居民的消费水平也在逐渐接近。

当分析第一产业就业人数、第二产业就业人数、第三产业就业人数以及城乡人口比对呼和浩特市居民消费水平的影响时,可得以下结论。第一产业就业人数越多,社会消费品零售总额越少,第一产业就业人数每增加1个百分点,社会消费品零售总额减少2.981个百分点,并且通过了1%的显著性检验;第二产业就业人数越多,社会消费品零售总额越多,第二产业就业人数每增加1个百分点,社会消费品零售总额增加4.496个百分点,并且通过了5%的显著性检验;第三产业就业人数和城乡人口比均未通过10%的显著性检验。

三 小城镇空心化对产业发展的影响

(一) 模型设计

本节以呼和浩特市各旗县面板数据为基础,分析小城镇空心化对呼和浩特市产业发展的影响,所以选用面板回归模型,如公式(4-2)所示。

$$ID_{i,t} = \beta_{0i} + \beta_{1,i}\ln PIE_{i,t} + \beta_{2,i}\ln SIE_{i,t} + \beta_{3,i}\ln TIE_{i,t} + \beta_{4,i}UP_{i,t} + \beta_{5,i}RP_{i,t} + \beta_{6,i}\ln PCDIOFAH_{i,t} + \beta_{7,i}\ln PSR_{i,t} + \mu_{i,t} \quad (4-2)$$

其中,i 代表个体编号,t 代表年份,ID_i(Indstrial Development)代表第 i 个个体的产业发展,PIE_i(Primary Industry Employment)代表第 i 个个体的第一产业就业人数,SIE_i(Secondary Industry Employment)代表第 i 个个体的第二产业就业人数,TIE_i(Tertiary Industry

Employment）代表第 i 个个体的第三产业就业人数，UP_i（Urban Population）代表第 i 个个体的城镇人口，RP_i（Rural Population）代表第 i 个个体的乡村人口，$PCDIOFAH_i$（Per Capita Disposable Income of Farmers and Herdsmen）代表第 i 个个体的农牧民人均可支配收入，PSR_i（Population Sex Ratio）代表第 i 个个体的人口性别比，β_{0i} 为常数项，$\beta_{1,i}$ 到 $\beta_{7,i}$ 各自代表解释变量与被解释变量之间的关联程度，$\mu_{i,t}$ 为随机误差项。

（二）数据来源及变量选择

本节研究小城镇空心化对呼包鄂乌产业发展的影响，以呼和浩特市各旗县为例，数据来源于历年《内蒙古统计年鉴》和《呼和浩特市统计年鉴》。以生产总值、第一产业生产总值、第二产业生产总值以及第三产业生产总值为被解释变量，并做对数处理，衡量产业发展水平，选取第一产业就业人数、第二产业就业人数、第三产业就业人数、人口性别比、城镇人口、乡村人口以及农牧民人均可支配收入代表小城镇空心化程度，并对人口性别比、第一产业就业人数、第二产业就业人数、第三产业就业人数以及农牧民人均可支配收入做对数处理，研究小城镇空心化对呼包鄂乌产业发展的影响，以更加深入地把握影响呼包鄂乌产业发展水平的作用机理。

（三）实证研究

某一地区的产业发展水平是指产业的产生、成长和进化过程，既包括单个产业的进化过程，又包括产业总体，即整个地区经济的进化过程，而进化过程既包括某一产业中企业数量、产品或者服务产量等数量上的变化，也包括产业结构的调整、变化、更替和产业主导位置等质量上的变化，而且主要以结构变化为核心，以产业结构优化为发展方向。因此,产业发展包括量的增加和质的飞跃,包括绝对的增长和相对的增长。小城镇空心化对呼和浩特市产业发展水平的影响回归结果,见表4-14。

表4-14 小城镇空心化对呼和浩特市产业发展的影响回归结果

	(1)	(2)	(3)	(4)
ln 人口性别比	-5.471** (-2.04)	13.99** (3.38)	1.575 (0.71)	7.239** (2.60)
城镇人口	0.152* (1.76)	0.558*** (4.77)	0.163** (2.60)	0.319*** (4.07)
乡村人口	0.170* (1.92)	0.602*** (5.00)	0.200** (3.09)	0.354*** (4.38)
ln 第一产业就业人数	-0.442** (-2.73)	0.323 (1.18)	0.310** (2.11)	0.182 (0.99)
ln 第二产业就业人数	0.456** (3.05)	0.452** (2.19)	0.157 (1.42)	0.356** (2.57)
ln 第三产业就业人数	0.0114 (0.14)	-0.0711 (-0.61)	0.206** (3.32)	0.0561 (0.72)
ln 农牧民人均可支配收入	—	0.808*** (3.93)	1.436*** (13.04)	0.947*** (6.86)
常数	8.976*** (4.27)	-15.08** (-3.42)	-11.42*** (-4.83)	-8.662** (-2.93)
观测值	87	87	87	87

注:*、**、*** 分别代表在10%、5%、1%的水平下显著。

宏观分析可知,当分析人口性别比的对数、城镇人口、乡村人口、第一产业就业人数的对数、第二产业就业人数的对数以及第三产业就业人数的对数对第一产业生产总值的对数的影响时,可得以下结论。人口性别比越大,第一产业生产总值越少,人口性别比每增加1个百分点,第一产业生产总值降低5.471个百分点,并且通过了5%的显著性检验,原因可能是在呼和浩特市各旗县第二产业和第三产业所提供的就业岗位较少,无法留住小城镇男性劳动力,造成劳动力流失,而从事农业生产所获得的收入较低,更多的男性劳动力选择流向收入水平更高的大城镇而不是去农村参与农业生产,因此在未实现机械化生产的背景下,第一产业发展缺乏充足劳动力,造成产值低;城镇人口越多,第一产业生产总值越多,并且通过了10%的显著性检验,原因可能是城镇人口越多,对农产品的需求量越大,因此农业生产规模越大,第一产业生产总值越高;乡村人口越多,第一产业生产总值越大,并且通过了10%的显著性检验,原因可能是呼和浩特市各旗县内乡村人口数量增加说明小城镇人口迁入乡村的人数增加,因此造成小城镇空心化,而乡村人口的增加表明有更多的劳动力参与第一产业生产,促进第一产业产值增加;第一产业就业人数越多,第一产业生产总值越少,第一产业就业人数每增加1个百分点,第一产业生产总值减少0.442个百分点,并且通过了5%的显著性检验,原因可能是第一产业就业人数增加说明更多小城镇人口流向农村,造成小城镇空心化,同时在男性劳动力流向大城镇的背景下,农业生产的参与者主要为女性,而呼和浩特市各旗县农业生产机械化水平较低,女性劳动力所创造的农业产值低于男性劳动力所创造的农业产值,因此在该地区第一产业就业人数与第一产业生产总值负相关;第二产业就业人数越多,第一产业生产总值越大,第二产业就业人数每增加1个百分点,第一产业生产总值增加0.456个百分点,并且通过了5%的显著性检验;第三产业就业人数对第一产业生产总值无显著性影响,未通过10%的显著性检验。

当分析人口性别比对数、城镇人口、乡村人口、第一产业就业人数对数、第二产业就业人数对数、第三产业就业人数对数以及农牧民人均可支配收入对数对第二产业生产总值对数的影响时，可得以下结论。人口性别比每增加1个百分点，第二产业生产总值增加13.99个百分点，并且通过了5%的显著性检验，原因可能是第二产业生产主要依靠男性劳动力，男性人口越多越能满足第二产业生产的需要，从而增加第二产业生产总值；城镇人口越多，第二产业生产总值越多，并且通过了1%的显著性检验；乡村人口越多，第二产业生产总值越多，并且通过了1%的显著性检验；第二产业就业人数越多，第二产业生产总值越大，第二产业就业人数每增加1个百分点，第二产业生产总值增加0.452个百分点，并且通过了5%的显著性检验，原因可能是第二产业就业人数越多，生产规模越大，所生产出的工业品越多，第二产业总产值越大；第三产业就业人数对第二产业生产总值无显著性影响，未通过10%的显著性检验；农牧民人均可支配收入越大，第二产业生产总值越大，农牧民人均可支配收入每增加1个百分点，第二产业生产总值增加0.808个百分点，并且通过了1%的显著性检验，原因可能是农牧民人均可支配收入的增加会使农牧民更新生产工具，从而增加工业品的购买，提高第二产业生产总值。

当分析人口性别比的对数、城镇人口、乡村人口、第一产业就业人数的对数、第二产业就业人数的对数、第三产业就业人数的对数以及农牧民人均可支配收入的对数对第三产业生产总值的对数的影响时，可得以下结论。人口性别比对第三产业生产总值无显著性影响，未通过10%的显著性检验；城镇人口越多，第三产业生产总值越大，并且通过了5%的显著性检验，原因可能是随着城镇人口增加，居民对服务业的需求增加，促使第三产业生产总值增加；乡村人口越多，第三产业生产总值越大，并且通过了5%的显著性检验；第一产业就业人数越多，第三产业生产总值越大，第一产业就业人数每增加1个百分点，第三产业生产总值增加0.31个百分点，并且通过了5%的显著性检验；第二产业就业人数对第三产业生产总值无显著性影响，未通过10%的显著性检验；第三产业就业人数越多，第三产业生产总值越大，第三产业就业人数每增加1个百分点，第三产业生产总值增加0.206个百分点，并且通过了5%的显著性检验，原因可能是随着第三产业劳动力的增加，服务业的规模扩大，能够为居民提供更全面的服务，从而增加第三产业产值；农牧民人均可支配收入越多，第三产业生产总值越大，农牧民人均可支配收入每增加1个百分点，第三产业生产总值增加1.436个百分点，并且通过了1%的显著性检验，原因可能是随着农牧民人均可支配收入的增加，农牧民消费水平提高，分配在服务业的支出增加，推动了第三产业的发展。

当分析人口性别比的对数、城镇人口、乡村人口、第一产业就业人数的对数、第二产业就业人数的对数、第三产业就业人数的对数以及农牧民人均可支配收入的对数对生产总值的对数影响时，可得以下结论。人口性别比越大，生产总值越大，人口性别比每增加1个百分点，生产总值增加7.239个百分点，并且通过了5%的显著性检验，原因可能是人口性别比越大，表明男性人口占总人口比重越大，男性的劳动效率和能力以及其所创作的经济价值要高于女性，因此男性人口数量与生产总值正相关；城镇人口和乡村人口越多，生产总值越大，并且均通过了1%的显著性检验；第一产业就业人数和第三产业就业人数对生产总值无显著性影响，均未通过10%的显著性检验；第二产业就业人数越多，生产总值越大，第二产业就业人数每增加1个百分点，生产总值增加0.356个百分点，并且通过了5%的显著性检验；农牧民人均可支配收入越多，生产总值越大，农牧民人均可支配收入每增加1个百分点，生产总值增加0.947个百分点，并且通过了1%的显著性检验。

四 小城镇空心化对社会保障的影响

(一) 模型设计

本节以呼包鄂乌各旗县面板数据为基础,分析小城镇空心化对呼包鄂乌社会保障的影响,所以选用面板回归模型,如公式(4-3)所示。

$$SI_{i,t} = \gamma_{0i} + \gamma_{1,i}\ln PI_{i,t} + \gamma_{2,i}SI_{i,t} + \gamma_{3,i}TI_{i,t} + \gamma_{4,i}\ln PASN_{i,t} + \gamma_{5,i}UPD_{i,t} +$$
$$\gamma_{6,i}PI_{i,t} + \gamma_{7,i}PASN_{i,t} + \gamma_{8,i}PSR_{i,t} + \mu_{i,t} \qquad (4-3)$$

其中,i代表个体编号,t代表年份,SI_i(Social Insurance)代表第i个个体的社会保障,PI_i(Primary Industry)代表第i个个体的第一产业生产总值,SI_i(Secondary Industry)代表第i个个体的第二产业生产总值,TI_i(Tertiary Industry)代表第i个个体的第三产业生产总值,$PASN_i$(Primary and Secondary Schools)代表第i个个体的中小学数量,UPD_i(Urban Population Decline)代表第i个个体的城镇人口减少数,PSR_i(Population Sex Ratio)代表第i个个体的人口性别比,γ_{0i}为常数项,$\gamma_{1,i}$到$\gamma_{8,i}$各自代表解释变量与被解释变量之间的关联程度,$\mu_{i,t}$为随机误差项。

(二) 数据来源及变量选择

本节研究小城镇空心化对呼包鄂乌社会保障的影响,数据来源于历年《内蒙古统计年鉴》和呼包鄂乌四市统计年鉴。以医疗卫生机构技术人员、公共财政预算支出、公路里程以及中小学数量为被解释变量,衡量社会保障水平,选取第一产业生产总值、第二产业生产总值、第三产业生产总值、中小学数量、城镇人口减少数以及人口性别比代表小城镇空心化程度，并对第一产业生产总值和中小学数量做对数处理，研究小城镇空心化对呼包鄂乌社会保障的影响，更加深入地把握影响呼包鄂乌社会保障水平的作用机理。

（三）实证研究

某一地区的社会保障水平是指以当地政府为主体，依据法律，通过居民收入的再分配，对居民在暂时或永久丧失劳动能力以及由于各种原因而导致生活困难时给予物质帮助，以保障其基本生活的制度。社会保障水平是社会保障体系中的关键要素，直接反映着社会保障资金的供求关系，并间接反映着社会保障体系的运行状况，衡量指标包括地区医疗卫生机构技术人员、公共财政预算支出、公路里程以及中小学数量。小城镇空心化对呼包鄂乌社会保障水平的影响回归结果，见表4-15。

表4-15 小城镇空心化对呼包鄂乌社会保障的影响回归结果

	（1）	（2）	（3）	（4）
ln 第一产业生产总值	790.5* (2.01)	—	—	—
第二产业生产总值	-0.000124 (-0.68)	0.0389* (1.92)	-0.180** (-0.77)	0.00387 (1.73)
第三产业生产总值	-0.156** (-3.03)	0.199*** (4.12)		0.0164** (2.66)
ln 中小学数量	535.1* (2.00)	-48494.6* (-1.72)	—	—
城镇人口减少数	-0.0410** (-2.16)	1.617 (0.73)	0.00130 (0.13)	0.847*** (4.93)
第一产业生产总值	—	0.235** (2.33)	0.225*** (0.23)	-0.0414** (-2.27)

续表

	(1)	(2)	(3)	(4)
中小学数量	—	—	8.237*** (0.90)	—
人口性别比	—	—	−4659.9** (−1.39)	56.87 (0.78)
常数	−9166.3* (−1.86)	183643.8*** (3.60)	6134.9 (1.72)	−46.86 (−0.60)
观测值	25	25	23	25

注：*、**、*** 分别代表在10%、5%、1%的水平下显著。

宏观分析可知，当分析第一产业生产总值、第二产业生产总值、第三产业生产总值、中小学数量以及城镇人口减少数对医疗卫生机构技术人员的影响时，可得以下结论。第一产业生产总值越多，医疗卫生机构技术人员越多，并且通过了10%的显著性检验；中小学数量越多，医疗卫生机构技术人员越多，中小学数量每增加1个百分点，医疗卫生机构技术人员增加535.1个百分点，并且通过了10%的显著性检验，原因可能是中小学数量越多，该地区的经济发展水平越高，医疗保障制度越完善，医疗卫生机构技术人员人数越多；城镇人口减少数越多，医疗卫生机构技术人员越少，城镇人口减少数每增加1个百分点，医疗卫生机构技术人员减少0.041个百分点，并且通过了5%的显著性检验，原因可能是城镇人口减少数越多，表明该地区经济衰退、空心化越严重，造成医疗卫生机构技术人员减少。

当分析第二产业生产总值、第三产业生产总值、中小学数量、城镇人口减少数以及第一产业生产总值对公共财政预算支出的影响时，可得以下结论。第二产业生产总值越多，公共财政预算支出越多，第二产业生产总值每增加1个百分点，公共财政预算支出增加0.0389个百分点，并且通过了10%的显著性检验,原因可能是第二产业产值的增加一方面需要劳动力的投入,另一方面需要机械设备的投入,而机械设备的购买需要政府的扶持,因此增加了公共财政预算的支出;第三产业生产总值越多,公共财政预算支出越多,第三产业生产总值每增加1个百分点,公共财政预算支出增加0.199个百分点,并且通过了1%的显著性检验,原因可能是第三产业产值的增加离不开政府公共财政预算支出的投入,例如政府需要为服务业的发展构建良好的经商环境,提供充足的基础设施保障,因此第三产业产值与公共财政预算支出正相关;城镇人口减少数对公共财政预算支出无显著性影响,未通过10%的显著性检验。

当分析第二产业生产总值、第一产业生产总值、中小学数量、城镇人口减少数以及人口性别比对公路里程的影响时,可得以下结论。第二产业生产总值越多,所修建的公路里程数越少,并且通过了5%的显著性检验,原因可能是政府将更多的财政预算投入到第二产业的升级改造中,没有足够的资金修建公路;城镇人口减少数对公路里程无显著性影响,未通过10%的显著性检验;第一产业生产总值越多,所修建的公路里程数越多,并且通过了1%的显著性检验,原因可能是第一产业生产总值越多,所生产的农产品数量越多,而在农村整体需求不变的情况下,这些多生产出的农产品需要修建公路来拓展销售渠道,打开销售市场;中小学数量越多,所修建的公路里程数越多,中小学数量每增加1个百分点,公路里程增加8.237个百分点,并且通过了1%的显著性检验,原因可能是中小学数量越多即该地区基础设施越完善,表明该地区经济发展水平较高,政府有充足的财政预算投入到公路修建项目上,因此中小学数量与公路里程正相关;人口性别比越大,所修建的公路里程数越少,并且通过了5%的显著性检验。

当分析第二产业生产总值、第一产业生产总值、第三产业生产总值、城镇人口减少数以及人口性别比对中小学数量的影响时，可得以下结论。第二产业生产总值对中小学数量无显著性影响，未通过10%的显著性检验；第三产业生产总值越多，中小学数量越多，并且通过了5%的显著性检验，原因可能是第三产业在经济中占主导地位，第三产业生产总值越高，经济发展水平越高，政府财政收入越多，用于教育投资越多；第一产业生产总值越多，中小学数量越少，并且通过了5%的显著性检验；人口性别比对中小学数量无显著性影响，未通过10%的显著性检验，原因可能是适龄儿童接受教育越来越受到重视，不会因男女性别比受到影响，无论男性劳动力是否选择外出务工，都会选择让孩子接受义务教育。

五　小结

研究呼包鄂乌小城镇空心化对内蒙古自治区可持续发展有重要的现实意义，在经济发展新时期，如何克服小城镇人口空心化是值得研究和深思的课题，本节主要研究内蒙古呼包鄂乌小城镇空心化及影响因素有关问题。

首先，本章分析了呼包鄂乌人口聚集以及流动状况，研究发现呼和浩特市武川县，包头市白云鄂博矿区，乌兰察布市察哈尔右翼前旗，察哈尔右翼中旗，察哈尔右翼后旗等个别旗县年末户籍人口减少，出现小城镇空心化，表明呼包鄂乌各旗县小城镇空心化问题并不严重，综上所述，目前呼包鄂乌发展情况总体向好。

其次，本章研究了呼包鄂乌小城镇空心化对居民消费的影响，研究发现当分析第一产业就业人数、第二产业就业人数、人口性别比、城乡人口比以及第三产业就业人数对呼和浩特市各旗县居民消费水平的影响时，人口性别比、第一产业就业人数以及第三产业就业人数与社会消费品零售总额呈负相关，而第二产业就业人数与社会消费品零售总额呈正相关。

并且，本章研究了呼包鄂乌小城镇空心化对产业发展的影响，研究发现城镇人口和乡村人口的增加都会促进三大产业的产值增加，其中第二产业和第三产业通过了1%的显著性检验，第一产业通过了10%的显著性检验，且均呈正向关系，说明劳动力的增加促进各产业发展。

最后，本章研究了呼包鄂乌小城镇空心化对社会保障的影响，研究发现第一产业生产总值与公路里程和公共财政预算支出呈正相关，且均通过了显著性检验，第三产业生产总值与公共财政预算支出呈正相关，且通过了1%的显著性检验，而人口性别比仅与公路里程呈负相关。

第五章　呼包鄂乌城市群人口就近城镇化影响因素及异质性分析

　　城镇化是现代化的必由之路，城镇化的发展质量可以体现一个国家或地区的现代化水平。党的十八大以来，党中央针对我国现存的城镇化问题，明确了要推进以人为核心的新型城镇化发展。党的十九大报告指出，要"以城市群为主体构建大中小城市和小城镇协调发展的城镇格局，加快农业转移人口市民化"。2021年中央一号文件指出"全面推进乡村振兴"是今后发展的重点，并对"城乡融合"的重要意义予以特别强调。就近城镇化具体指农村人口不是远距离迁徙，而是近距离迁移到家乡附近的市镇，主要界定为以地级市和县级城镇为核心的城镇化，区别于省际和省内跨地级城市的迁移，后者指的是异地城镇化。这一概念最早提出用以解决东南沿海地区的城镇化问题。县城具有承接大城市产业转移并辐射带动乡村发展的重要功能。就近城镇化不仅是农民职业、生活、身份转变的过程，也是农民在原住地通过发展第二、第三产业，加强教育培训、完善社会基础设施等实现经济条件改善、综合素质提高的过程。就近城镇化有利于乡村振兴，有利于区域均衡发展。

　　就近城镇化有三种模式。一是通过发展县域经济实现农业人口就近城镇化，二是强镇崛起带动农业人口就近城镇化，三是以地县市为单位推进全域的城乡统筹、城乡融合、城乡一体化的就近城镇化。就近城镇化发展路径应该以环境承载力为基础，以地级市和县域为核心，发展上述三种就近化模式。

目前，国内对城镇化的研究主要集中于异地城镇化，但随着"城市病""农村空心化"等问题的出现，就近城镇化逐渐受到学界关注，需要国家关注并通过国家层面研究解决，提出可行性方案。从政府角度看，中国的城市化进程既要推进快速城镇化，实现农村人口的有序转移，又要保证农村人口不过度向大城市聚集，避免"大城市病"等问题的出现。此外，还要避免大量农民进城后生活不适应，在经济方面面临挑战时无法有效就业而导致社会不稳定等问题的发生。而就近城镇化可以有效解决这一问题，在地理上的"就近"其实并未使就近城镇化人口流动前后的生活环境发生太大的改变，同时也并未真正割裂农民与农村环境的天然联系，可以减弱城镇化进程给其带来的各种经济风险。目前，在就近城镇化方面，有学者认为当前面临着地方政府政策法规不完善、城乡文化差异大、融入困难等问题。因此，量化就近城镇化水平，探讨就近城镇化空间分异的重要影响因素，有利于丰富和扩展就近城镇化的相关研究结论。本章节对呼包鄂乌城市群人口就近城镇化程度、影响因素及异质性进行分析，以期丰富现有研究，为新时期更好推进以人为核心的城镇化提供参考，为充分了解呼包鄂乌人口就近城镇化问题并针对问题制定合理措施提供依据。

本章节的研究思路具体如下。首先，对呼包鄂乌城市群就近城镇化水平进行测度与比较。其次，多维度选取解释变量分析其对呼包鄂乌城市群人口就近城镇化水平的影响，并进行异质性分析。

一 呼包鄂乌人口就近城镇化水平测度

城镇化的发展离不开人口的迁移流动。高人口密度为区域提供了充足的劳动力和消费需求，人口可以推动城乡一体化发展，是实现城镇化的最大动力。因此，对城镇化的研究，也离不开对劳动力转移问题的研究。就近城镇化的概念包含三个方面的信息。一是主体为农业转移人口，二是空间载体为户籍地附近的中小城市和小城镇，三是迁移范围为近距离迁移。目前，对于就近城镇化和就地城镇化的概念界限较为模糊，且空间范围的"近与远"也缺乏统一明确的界定。此外，当前国内衡量城镇化水平的指标主要是城镇化率，即在总人口中，城镇人口所占的比重。现有文献虽然没有提出更好的指标来衡量就近城镇化水平，但已有大量研究主要将城镇化率作为研究就近城镇化水平的重要参考因素。因此，本章节将借鉴前人的研究方法，通过城镇化率测度就近城镇化水平。本章节所选取的样本为呼包鄂乌地区共计25个旗县（呼和浩特市5个，包头市3个，鄂尔多斯市7个，乌兰察布市10个），具体旗县分布见表5-1。

表5-1　　　　　　　　　呼包鄂乌地区旗县分布

地　区	旗　县
呼和浩特市	土默特左旗
	托克托县
	和林格尔县
	清水河县
	武川县
包头市	土默特右旗
	固阳县
	达茂旗

续表

地 区	旗 县
鄂尔多斯市	达拉特旗
	准格尔旗
	鄂托克前旗
	鄂托克旗
	杭锦旗
	乌审旗
	伊金霍洛旗
乌兰察布市	丰镇市
	卓资县
	化德县
	商都县
	兴和县
	凉城县
	察哈尔右翼前旗
	察哈尔右翼中旗
	察哈尔右翼后旗
	四子王旗

关于城镇化率的计算，呼和浩特市各旗县及包头市各旗县城镇化率数据来源于历年《呼和浩特市统计年鉴》及《包头市统计年鉴》，通过1－乡村人口数/年末总人口数计算而得。乌兰察布市各旗县数据来源于

历年《内蒙古统计年鉴》，同样按照 1 - 乡村人口数/年末总人口数计算而得。历年《鄂尔多斯市统计年鉴》有单独的城镇化率统计指标，无须计算。鉴于部分地区部分年份数据的缺失，呼和浩特市各旗县城镇化率指标及鄂尔多斯市各旗县城镇化率指标涉及 2010—2020 年，共 11 年。包头市各旗县及乌兰察布市各旗县城镇化率指标涉及 2010—2016 年，共 7 年。上述四市各旗县的城镇化率现状如图 5-1 至图 5-4 所示。

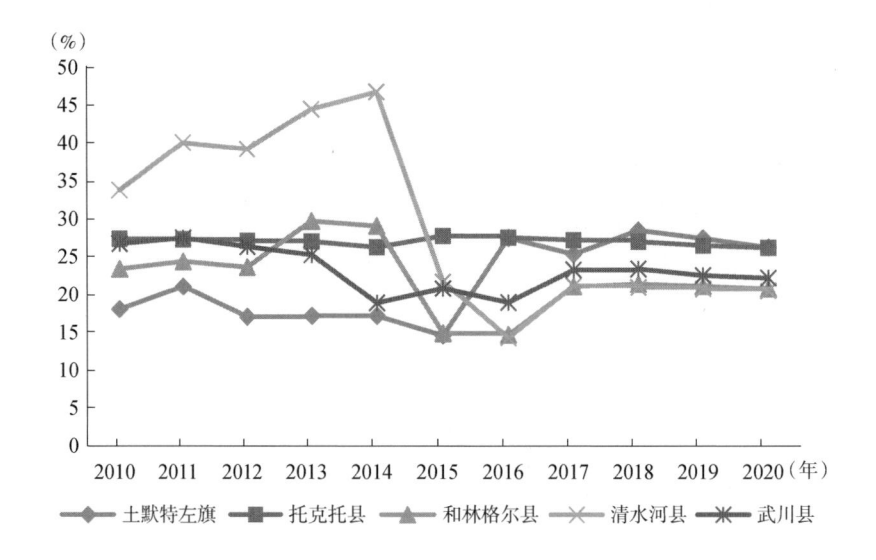

图 5-1 呼和浩特市各旗县 2010—2020 年城镇化率

如图 5-1 所示，较清水河县而言，土默特左旗、托克托县、和林格尔县、武川县的城镇化率在 2010—2020 年变化幅度不大。2015 年前，清水河县的城镇化率在呼和浩特市各旗县中位居第一，2015 年后逐渐落后，而后和其余旗县相差不大。清水河县的城镇化率在 2014 年达到最大值 46.79%，随后下降，于 2016 年降至谷底 14.32%，随后逐步上升且趋于平缓。托克托县的城镇化率在过去 11 年间波动最小，最大值和最小值间的差额仅为 1.58%。总的来说，近年来呼和浩特市各旗县地区的就近城镇化水平差距不大。

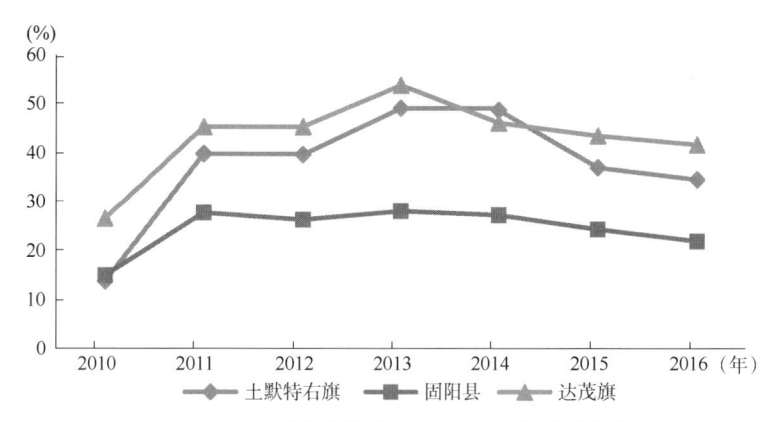

图 5-2 包头市各旗县 2010—2016 年城镇化率

如图 5-2 所示，包头市各旗县城镇化率在 2010—2016 年均呈现先上升后下降的趋势，土默特右旗在 2010—2011 年城镇化率提高了 23.49 个百分点。此外，土默特右旗、固阳县、达茂旗的城镇化率均在 2013 年达到峰值，分别为 47.72%、28.76% 和 51.94%。在包头市的三个旗县中，相比而言固阳县的就近城镇化水平偏低，均值为 25.42%。土默特右旗和达茂旗的就近城镇化水平较高。

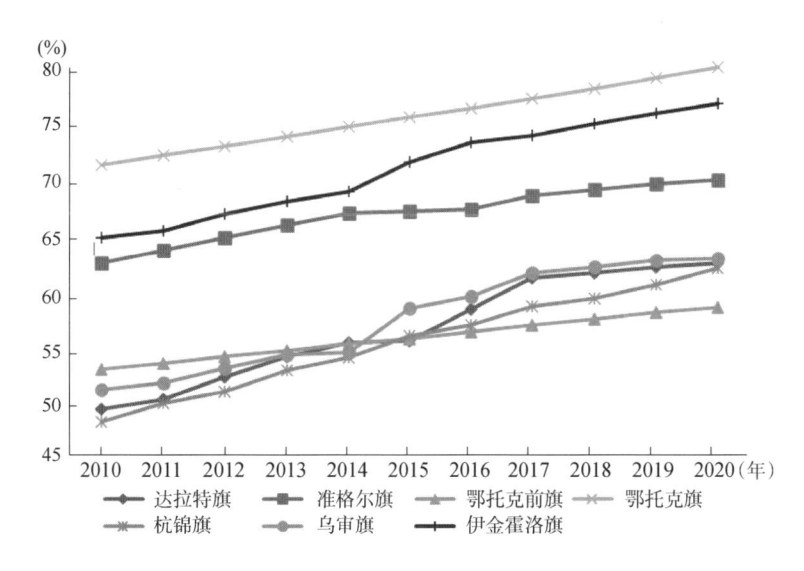

图 5-3 鄂尔多斯市各旗县 2010—2020 年城镇化率

图 5-3 显示了鄂尔多斯市各旗县 2010—2020 年城镇化率。总体来看，鄂尔多斯市各旗县城镇化率在过去 11 年间走势一致，均呈现上升趋势，上升幅度不大。各旗县的就近城镇化水平差异也不大。具体来看，鄂托克旗的城镇化水平一直领先于其他旗县。

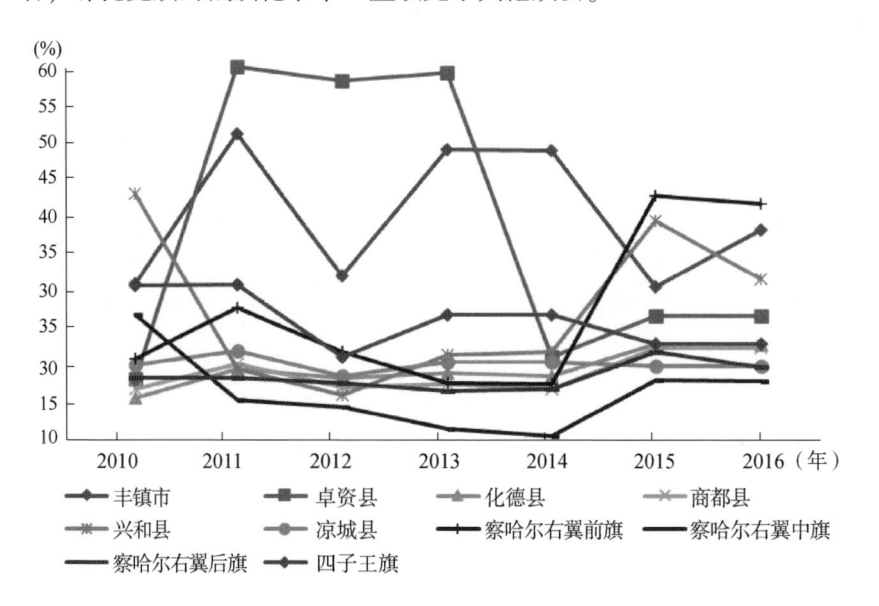

图 5-4　乌兰察布市各旗县 2010—2016 年城镇化率

如图 5-4 所示，乌兰察布市各旗县中卓资县的城镇化率波动较大，呈现先上升而后逐渐稳定，再下降而后逐渐稳定的趋势，最大值为 59.41%，最小值为 17.88%。丰镇市的城镇化率波动也较为明显，呈现涨跌互现的趋势。察哈尔右翼前旗和兴和县的就近城镇化水平在初始年份中较为稳定，在 2014—2015 年大幅上升，后趋于稳定。除上述几个旗县外，其余旗县的城镇化率相对而言均维持在稳定的水平上，不存在大幅升降的现象。总体来看，丰镇市和察哈尔右翼前旗的就近城镇化水平较高。

为了比较呼包鄂乌四市旗县地区的就近城镇化水平，将 2010—2016 年的城镇化率在旗县层面上取平均值，用平均值来反映呼包鄂乌旗县地区的就近城镇化程度。如图5-5所示，鄂尔多斯市旗县地区的平均城镇化率水平比较稳定且逐年上涨，和其他三市差距较大，平均值为61.46%，这反映了鄂尔多斯地区较高的就近城镇化水平。包头市旗县地区的就近城镇化程度次之，呼和浩特市旗县地区和乌兰察布市旗县地区的就近城镇化水平则较低。

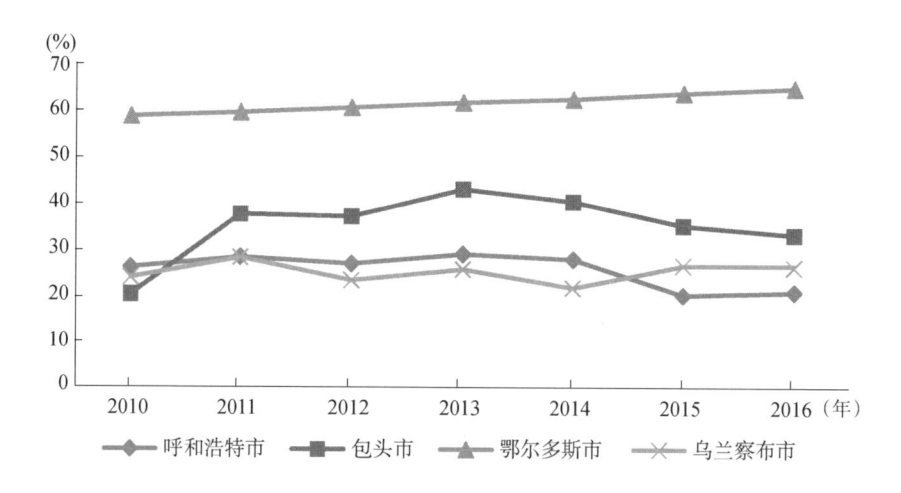

图5-5 呼包鄂乌旗县地区平均城镇化率

二 呼包鄂乌人口就近城镇化的影响因素分析

本节从经济发展水平、医疗卫生条件、交通状况、贸易水平、教育质量和就业水平六个方面，对影响呼包鄂乌人口就近城镇化的因素进行实证分析，更加深入地把握呼包鄂乌人口就近城镇化的作用机理。

（一）数据来源及变量选择

城镇化是社会经济进步的必然结果，也是社会经济发展的必经过程。因此，就近城镇化过程必然会受到诸多经济因素的影响。相比农村地区，城镇地区的基础设施、社会服务、教育、医疗、社会保障和收入水平更优渥，这使农村人口向城镇转移更具可能性。已有研究认为，就近城镇化发展水平主要受到经济发展水平、教育投入、交通运输、医疗卫生等多因素的影响。一些学者对受访者就近户口迁入城镇的原因进行了统计，结果显示子女享受更好的教育、医疗条件好、社会保障体系健全、公共服务基础设施更完善、收入水平更高、工作机会多均是重要的影响因素。具体地，本节选取人均生产总值、第三产业产值占 GDP 的比重来衡量经济发展水平，选取公路公里来衡量交通状况，选取零售总值来衡量贸易水平，选取小学在校人数及中学在校人数衡量教育水平，选取就业人数来衡量就业水平，选取医床位数及医疗卫生人员数来衡量医疗卫生水平。被解释变量为城镇化率，以此衡量就近城镇化水平。为了减少数据波动和消除可能存在的异方差，除第三产业产值占 GDP 的比重外，其余所有解释变量都采用对数形式表示。具体变量选取见表 5-2。

表 5-2　　　　　　　　变量分类及具体描述

一级指标	二级指标
经济因素	人均生产总值(X_1)
	第三产业产值占 GDP 比重(X_2)
交通因素	公路公里(X_3)
贸易因素	零售总值(X_4)
就业因素	就业人数(X_5)
教育因素	小学在校人数(X_6)
	中学在校人数(X_7)
医疗卫生因素	医床位数(X_8)
	医疗卫生人员数(X_9)

鉴于所选数据的限制，部分地区部分年份的解释变量值及被解释变量值存在缺失的情况，为获取平衡面板数据，本节将所选年份限制在2010—2016年，所选数据来源于《内蒙古统计年鉴》《呼和浩特市统计年鉴》《包头市统计年鉴》《鄂尔多斯市统计年鉴》。由于变量间可能存在较强的多重共线性，为了进行接下来的主成分分析，参照既往处理方法，本节将所选数据在时间层面上取均值，将其转变为截面数据。变量描述性统计，见表5-3。

表5-3 呼包鄂乌就近城镇化研究相关变量描述性统计

变量	样本	均值	标准差	最小值	最大值
城镇化率(Y)	25	0.3676	0.1782	0.1598	0.7388
人均生产总值(X_1)	25	12.3267	0.9781	10.7979	14.0552
第三产业产值占GDP比重(X_2)	25	0.3053	0.0736	0.1849	0.4375
公路公里(X_3)	25	7.3913	0.4599	6.4534	8.1949
零售总值(X_4)	25	12.2981	0.6328	11.0108	13.6355
就业人数(X_5)	25	11.6935	0.4392	10.8425	13.6355
小学在校人数(X_6)	25	8.9819	0.4627	8.2537	10.0434
中学在校人数(X_7)	25	8.8304	0.4378	7.8303	9.7049
医床位数(X_8)	25	6.1586	0.4322	5.6699	7.3521
医疗卫生人员数(X_9)	25	6.3823	0.4765	5.6063	7.6450

（二）模型设计

1. 多元线性回归分析

线性回归主要是研究一个因变量和多个自变量之间的相关关系，

还可以通过分析找出对因变量影响显著的自变量,如公式(5-1)所示。

$$Y = \beta_0 + \beta_1 X_1 + \beta_2 X_2 + \cdots + \beta_p X_p + \varepsilon \quad (5-1)$$

其中,X_1,X_2,…,X_p 分别代表自变量,p 为自变量个数,ε 为随机误差,β 为未知参数。若有 n 组样本,则多元线性回归将组成一个矩阵,可写作 $Y = X\beta + \varepsilon$。

2. 主成分分析

主成分分析是一种通过降维方法将多个相关变量转换成尽可能少的新变量,使新变量间两两互不相关的统计分析方法。所转换成的新变量被称为主成分,并且这些变量是原始变量的线性组合,且对原始信息的大部分予以保留。其表达式如公式(5-2)所示。

$$Y_i = t_{i1} x_1 + t_{i2} x_2 + \cdots + t_{im} x_m (i = 1, 2, \cdots, n) \quad (5-2)$$

其中 Y_i 为主成分,用矩阵可以表示为 $Y = TX$。

$$\begin{cases} Y_1 = t_{11} x_1 + t_{12} x_2 + \cdots + t_{1m} x_m \\ Y_2 = t_{21} x_1 + t_{22} x_2 + \cdots + t_{2m} x_m \\ \vdots \quad \vdots \quad \vdots \quad \vdots \\ Y_n = t_{n1} x_1 + t_{n2} x_2 + \cdots + t_{nm} x_m \end{cases}$$

(三)实证结果

1. 提取主成分

由于本书所选取的自变量较多,变量间的相关关系可能较强。因此,首先进行自变量间共线性的诊断。对每个变量的方差膨胀因子 VIF 进行检验,结果见表5-4。检验发现,所选取的9个自变量中有3个的方差膨胀因子大于10,表明变量间存在较强的共线性,因此需要进行主成分分析以达到降维的目的。

表5-4　　　　　　　　　自变量的方差膨胀因子

自变量	方差膨胀因子 VIF
$\ln X_8$	19.08
$\ln X_9$	16.09
$\ln X_6$	12.26
$\ln X_7$	6.40
$\ln X_4$	6.07
$\ln X_5$	3.93
$\ln X_3$	3.67
$\ln X_1$	1.92
X_2	1.34

为了检验主成分分析的适用性，需进行 KMO 和 Bartlett 检验，检验结果见表5-5。由该检验结果可知，KMO 的值为0.714，大于0.6，且显著性水平为0.000，小于0.05，拟合性较好，故可以进行主成分分析。

表5-5　　　　　　　　KMO 和 Bartlett 的检验结果

检验方法		检验结果
取样足够度的 Kaiser – Meyer – Olkin 度量		0.714
Bartlett 的球形度检验	Chi – square	188.094
	df	36
	p – value	0.000

对9个影响呼包鄂乌城镇化率的因素进行主成分分析，以特征值大于1为原则，提取出三个主成分 F_1、F_2、F_3。表5-6为主成分特征值

及其方差贡献率,由该表可知,第一主成分、第二主成分、第三主成分的特征值分别为 4.6581、1.5572、1.3391,其累积贡献率分别为 51.76%、69.06%、83.94%,信息损失较少,降维效果较好,能比较全面地反映出指标构成的原始信息。

表 5-6　　主成分特征值及其方差贡献率

成分	初始特征值			提取平方和载入		
	特征值	方差的贡献率	累积贡献率	合计	方差的贡献率	累积贡献率
F_1	4.6581	0.5176	0.5176	4.6581	0.5176	0.5176
F_2	1.5572	0.1730	0.6906	1.5572	0.1730	0.6906
F_3	1.3391	0.1488	0.8394	1.3391	0.1488	0.8394
F_4	0.7154	0.0795	0.9189	—	—	—
F_5	0.3182	0.0354	0.9542	—	—	—
F_6	0.2214	0.0246	0.9788	—	—	—
F_7	0.0986	0.0110	0.9898	—	—	—
F_8	0.0627	0.0070	0.9967	—	—	—
F_9	0.0294	0.0033	1.0000	—	—	—

通过主成分分析,降维得到的三个主成分可以代表整体样本的特征,主成分的提取结果见表 5-7。

表 5-7　　成分矩阵

变量	第一主成分 F_1	第二主成分 F_2	第三主成分 F_3
$\ln X_1$	-0.0015	0.3221	0.5250
$\ln X_2$	0.0571	-0.0248	0.5643
$\ln X_3$	0.0867	-0.4945	0.1858

续表

变量	第一主成分 F_1	第二主成分 F_2	第三主成分 F_3
$\ln X_4$	0.1833	-0.0372	0.2322
$\ln X_5$	0.1569	0.3524	0.0172
$\ln X_6$	0.2026	0.1044	-0.0507
$\ln X_7$	0.1635	0.2955	-0.2280
$\ln X_8$	0.1997	-0.1671	0.0976
$\ln X_9$	0.1951	-0.2041	-0.0016

由表5-7可知，原来所选取的9个经济指标对应的三个主成分分别如公式（5-3）、公式（5-4）、公式（5-5）所示。

$$F_1 = -0.0015\ln X_1 + 0.0571\ln X_2 + 0.0867\ln X_3 + 0.1833\ln X_4 + 0.1569\ln X_5 + 0.2026\ln X_6 + 0.1635\ln X_7 + 0.1997\ln X_8 + 0.1951\ln X_9 \quad (5-3)$$

$$F_2 = 0.3221\ln X_1 - 0.0248\ln X_2 - 0.4945\ln X_3 - 0.0372\ln X_4 + 0.3524\ln X_5 + 0.1044\ln X_6 + 0.2955\ln X_7 - 0.1671\ln X_8 - 0.2041\ln X_9 \quad (5-4)$$

$$F_3 = 0.5250\ln X_1 + 0.5643\ln X_2 + 0.1858\ln X_3 + 0.2322\ln X_4 + 0.0172\ln X_5 - 0.0507\ln X_6 - 0.2280\ln X_7 + 0.0976\ln X_8 - 0.0016\ln X_9 \quad (5-5)$$

2. 建立主成分方程

将第一主成分 F_1、第二主成分 F_2 和第三主成分 F_3 作为自变量，进行多元线性回归分析。回归结果见表5-8。回归结果显示，调整后的 R^2 值为0.9483，方程整体显著，说明选用多元线性回归模型拟合效果较好，第一、第二、第三主成分的 P 值均小于0.1，结果显著，均不予以剔除。

表 5-8　　　　　　　　回归系数的检验结果

成分	标准系数	t 值	P 值
第一主成分 F_1	0.434***	3.56	0.002
第二主成分 F_2	-0.667***	-5.48	0.000
第三主成分 F_3	0.234*	1.92	0.068

最终得到的回归方程如公式（5-6）所示。

$$Y = 0.434F_1 - 0.667F_2 + 0.234F_3 \qquad (5-6)$$

由以上分析可得，模型中被解释变量与所有解释变量之间的线性关系在整体上较为显著，进行主成分回归处理后，消除了原模型的多重共线性。于是，将主成分表达式代入最终的回归方程中，可以得到因变量关于自变量的多元线性回归方程，如公式（5-7）所示。

$$\begin{aligned} Y = & -0.0924\ln X_1 + 0.1734 X_2 + 0.4109\ln X_3 + 0.1587\ln X_4 - \\ & 0.1629\ln X_5 + 0.0064\ln X_6 - 0.1795\ln X_7 + 0.2210\ln X_8 + \\ & 0.2204\ln X_9 \qquad (5-7) \end{aligned}$$

3. 结果分析

根据多元线性回归方程，可以得到以下结论，即呼包鄂乌各旗县的经济因素、交通因素、贸易因素、教育因素及医疗卫生因素均会对其城镇化率的提高起到正向促进作用。

从经济因素来看，第三产业产值占 GDP 比重的提升会对就近城镇化水平的提高起到正向促进作用。一般而言，城镇化水平与经济发展水平相匹配，而经济发展的过程又伴随着产业结构的变动，即该过程伴随着产业结构由农业为主向以工业和服务业为主转变，这种结构性变动又会促使人口等资源要素不断由农村地区向城市迁移。

从交通因素及贸易因素看，二者对于城镇化率的提高有正向促进作用。城镇化与交通运输间的互动发展对社会发展有很大的影响。城镇化不断推进会促进交通运输的不断发展。与此同时，城镇交通运输的发展又会带动城市产业结构的优化升级。从空间上看，人员和物资可到达的范围变得更广，在运输过程中减少时间和精力的消耗，有利于推动城镇化进程，二者之间形成了一种互惠互利的局面。故交通供给能力的提升、公路布局的优化有利于城镇化率的提高。此外，贸易因素可间接为城镇化提供资金支持，在此过程中发生的资金积累对于就近城镇化的发展具有辐射和带动作用，有利于进一步加强就近城镇化人口的就近城镇化意愿。

从公共服务因素看，新型城镇化战略以人民为核心，切实提高居民生活质量，让居民享受更加优质的生活。持续增强的教育医疗、公共服务等有助于实现就近城镇化水平提高这一目标。教育水平的提高，不仅能够改变农村居民的消费观念，促进消费增长，进而带动就近城镇化，还利于其自身的自由充分发展。此外，一些农业人口之所以会选择就近户口迁移，是为了子女受到更好的教育。因此，有必要提高义务教育水平，提供更多的政策和资金支持，进而推动就近城镇化进程。

三 呼包鄂乌人口就近城镇化的异质性分析

异质性是指在建立计量经济学模型时，所选用的数据所表现出的复杂性和变异性，使解释变量对被解释变量的影响在不同区域可能是不同的，假定区域之间存在空间上的异质性可能更加符合实际情况。尽管上述所选择的经济、教育、交通、医疗等因素均对呼包鄂乌四市的旗县地区整体产生了显著的正向影响，但可能在各区域内部看，不同因素对不同地区的影响方向和影响程度有差别。本节主要对呼包鄂乌人口就近城镇化的异质性进行分析，并提出有针对性的对策建议。

（一）数据来源及变量选择

本节从经济发展水平、教育投入、交通运输、医疗卫生等多因素出发，对上述变量进行了一定的取舍合并。具体地，选取人均生产总值来衡量经济发展水平，选取公路公里来衡量交通状况，选取零售总值来衡量贸易水平，选取义务教育人数来衡量教育水平，选取就业人数来衡量就业状况，选取医疗卫生人员数来衡量医疗卫生水平。具体变量选取见表5－9。本节仍将所选年份限制在2010—2016年。变量描述性统计见表5－10至表5－13。

表5－9   变量分类及具体描述

一级指标	二级指标
经济因素	人均生产总值(X_1)
医疗卫生因素	医疗卫生人员数(X_2)
交通因素	公路公里(X_3)
贸易因素	零售总值(X_4)
教育因素	义务教育人数(X_5)
就业因素	就业人数(X_6)

表5－10   呼和浩特市相关变量描述性统计

变量	样本	均值	标准差	最小值	最大值
城镇化率	35	0.2538	0.0810	0.1432	0.0479
人均生产总值	35	11.0892	0.4279	10.1477	11.6880
医疗卫生机构技术人员数	35	6.2646	0.3298	5.7526	7.1245
公路公里数	35	6.9445	0.2132	6.3902	7.4495
零售总值	35	11.9019	0.6901	10.4043	12.9141
义务教育人数	35	9.7471	0.3520	9.1367	10.3950
年末就业人员数	35	11.5431	0.4137	10.8210	12.1554

表 5-11　　　　　　　包头市相关变量描述性统计

变量	样本	均值	标准差	最小值	最大值
城镇化率	21	0.3756	0.1128	0.1472	0.5398
人均生产总值	21	11.5277	0.5008	10.6347	12.2976
医疗卫生机构技术人员数	21	6.3111	0.2971	5.9081	6.8752
公路公里数	21	7.5264	0.2867	7.1389	7.9345
零售总值	21	12.2851	0.4230	11.6628	13.0702
义务教育人数	21	9.3459	0.5586	8.5126	10.1469
年末就业人员数	21	11.6679	0.5584	11.0034	12.4029

表 5-12　　　　　　　鄂尔多斯市相关变量描述性统计

变量	样本	均值	标准差	最小值	最大值
城镇化率	49	0.6152	0.0763	0.5043	0.7570
人均生产总值	49	12.0607	0.5447	10.7066	12.7030
医疗卫生机构技术人员数	49	6.8428	0.5766	5.7807	7.8891
公路公里数	49	7.9085	0.2625	7.5022	8.5823
零售总值	49	12.7699	0.5375	11.4958	13.9064
义务教育人数	49	9.7083	0.5715	8.9185	10.6165
年末就业人员数	49	11.6346	0.5133	10.7599	12.4045

表 5-13　　　　　　　乌兰察布市相关变量描述性统计

变量	样本	均值	标准差	最小值	最大值
城镇化率	70	0.2488	0.1131	0.1018	0.5941
人均生产总值	70	13.3127	0.3619	12.5565	14.1954
医疗卫生机构技术人员数	70	6.0907	0.2862	5.5530	6.6871

续表

变量	样本	均值	标准差	最小值	最大值
公路公里数	70	7.1845	0.3509	6.1944	7.8686
零售总值	70	12.0383	0.5401	11.1305	15.1528
义务教育人数	70	9.5375	0.2535	9.0109	10.0831
年末就业人员数	70	11.8138	0.2997	11.2680	12.1809

（二）模型设计

本节以 2010—2016 年呼包鄂乌 25 个旗县为样本，设定的混合 OLS 回归模型如公式（5-8）所示。

$$Urbanization_{it} = \alpha + \beta_1 \ln Pcgdp_{it} + \beta_2 \ln Medicine_{it} + \beta_3 \ln Kilometer_{it} + \beta_4 \ln Retail_{it} + \beta_5 \ln Education_{it} + \beta_6 \ln Employment_{it} + \varepsilon_{it}$$

(5-8)

在上述模型中，$Urbanization_{it}$ 为被解释变量，表示第 i 个地区第 t 年的城市化率。$\ln Pcgdp_{it}$、$\ln Medicine_{it}$、$\ln Kilometer_{it}$、$\ln Retail_{it}$、$\ln Education_{it}$ 和 $\ln Employment_{it}$ 为解释变量，分别代表第 i 个地区第 t 年的经济发展水平、医疗卫生条件、交通状况、贸易水平、教育质量和就业水平。β_1 至 β_6 是回归系数，α 是截距项，ε_{it} 为随机误差项。为了减少数据波动和消除可能存在的异方差，所有解释变量都采用对数形式表示。回归结果见表 5-14。

表 5-14　呼包鄂乌人口就近城镇化混合 OLS 模型

变量	呼和浩特市	包头市	鄂尔多斯市	乌兰察布市
$\ln Pcgdp$	0.080* (-1.77)	0.675*** (3.59)	0.094*** (6.14)	0.056 (0.42)

续表

变量	呼和浩特市	包头市	鄂尔多斯市	乌兰察布市
ln$Medicine$	0.030 (0.77)	-0.313 (-1.62)	0.038 (1.20)	-0.032 (-0.30)
ln$Kilometer$	0.136*** (-2.53)	0.122 (0.44)	0.189*** (4.73)	0.708*** (2.82)
ln$Retail$	0.063 (1.25)	0.998*** (2.99)	-0.099** (-2.10)	-0.064 (-1.49)
ln$Education$	0.115** (2.21)	-0.358 (-0.88)	0.001 (0.03)	0.532*** (3.03)
ln$Employment$	0.243*** (-3.80)	1.264* (1.94)	0.036 (0.92)	-0.014 (-0.10)
cons	2.836*** (3.84)	-5.491*** (-3.00)	-1.430*** (-4.56)	-9.524*** (-2.58)
观测值	35	21	49	70

注：*、** 和 *** 分别表示在 10%、5% 和 1% 的水平下显著，括号内数字为该变量的 z 检验值。

从上述回归结果可以看出，不同因素对不同地区就近城镇化水平的影响方向不同，影响程度也不同。第一，纵向来看，对于呼和浩特市旗县地区而言，其就近城镇化水平主要受经济因素、交通因素、教育因素及就业因素的影响。对于包头市旗县地区而言，经济因素、贸易因素及就业因素是影响其就近城镇化水平的主要因素。对于鄂尔多斯市旗县地区而言，经济因素、交通因素、贸易因素对其城镇化率的影响较为显著。对于乌兰察布市旗县地区而言，交通因素及教育因素在影响其就近城镇化水平上发挥了主要作用。第二，横向来看，经济因素、交通因素的影响范围较广。从内蒙古内部看，呼和浩特市、包头市及鄂尔多斯市的 GDP 位列前三，且增速较快，2021 年的三市的 GDP 增速分别为

6.5%、8.5%和7.0%，较强的经济实力对其就近城镇化的拉动作用也较强。乌兰察布市的 GDP 水平较其他三市而言偏低，且增速偏缓，对就近城镇化的拉动作用不显著。乌兰察布市的就近城镇化水平会受到交通因素的显著影响。目前，乌兰察布市已形成了以集宁区为中心的高效便捷的公路运输网络，由高速公路及普通国省干线组成的高等级公路网连接了各旗县及市内外，进一步巩固了乌兰察布作为华北地区重要交通枢纽和向北开放桥头堡的关键地位。上述交通运输方面的优势有利于乌兰察布市就近城镇化水平的提升。而鄂尔多斯市作为全国煤炭保供的重要生产地区，不断提升其交通运输水平，近年来交通运输发展及贸易水平的提高不断取得新进展，在一定程度上推动了就近城镇化进程。

  针对上述研究结论，可以从以下方面入手。第一，优化经济结构，促进产业结构由农业为主向以工业和服务业为主转变，进一步促使人口等资源要素不断由农村地区向城市迁移，从而带动就近城镇化程度的提升。要加快第二、第三产业发展速度，促进农业人口转移。第二，完善基础设施建设，不断提升交通供给能力，优化公路布局以促进就近城镇化水平的提高。农业转移人口的就近城镇化需要财政资金支持，"以人为本"的城镇化需要不断完善基本公共服务。缺乏资金投入、公共服务不到位必然会降低该地对农业转移人口的吸引力。各县级及以下村镇规划不合理，公共服务基础薄弱，医疗、交通、教育等公共资源配套不完整给当地人民带来了很大不便，不利于农业转移人口就近城镇化。因此，如何筹集资金、弥补就近城镇化进程中的缺口、完善各项社会保障和公共福利制度、加大对本地基础设施建设的资金投入力度是当前面临的重要问题。第三，呼包两市的旗县地区要着重关注就业因素对就近城镇化水平产生的积极影响。可以通过加大教育投入力度，开展岗前技能培训等方式来提高就近城镇化人口的受教育水平及综合素质。农业转移人口由于自身素质不是很高、缺乏职业技能培训，使其在城市人才市场竞争中处于不利地位。该群体的低就业率会对城镇化的推进产生阻碍。有效的农业转移人口职业技能培训体系的缺失及宣传力度不足都不利于城镇化的推进。可通过开展技能培训、逐步提升其就业择业能力、提升创收能力、增强其就业稳定性的方式来推动就近城镇化进程。此外，对不同的群体要开展专业工种技能培训，将理论培训与技能培训相结合，提升农业转移人口的综合素质。

综上所述，应针对上述因素的影响大小和方向来进行权衡，制定针对性的措施，因地制宜，促进呼包鄂乌不同地区的就近城镇化进程的不断推进。

四 小结

本章节借鉴前人的研究方法，运用呼包鄂乌各旗县的城镇化率来测度其就近城镇化水平，并进行比较。运用主成分分析法，从经济发展水平、教育投入、交通运输、医疗卫生等多角度分析了上述因素对呼包鄂乌各旗县就近城镇化水平的影响，最后运用混合 OLS 回归模型对其区域异质性问题进行探讨。

总的来说，可以得出以下结论。一是从呼包鄂乌各旗县就近城镇化水平看，鄂尔多斯市旗县地区的平均城镇化率水平比较稳定且逐年上涨，平均值为 61.46%，领先于其他三市的旗县地区，这反映了该地区具有较高的就近城镇化水平。包头市旗县地区的就近城镇化程度次之。呼和浩特市旗县地区和乌兰察布市旗县地区的就近城镇化水平较低。从各旗县内部看，近年来呼和浩特市各旗县地区的就近城镇化水平差距不大。包头市各旗县城镇化率在 2010—2016 年均呈现先上升后下降的趋势。鄂尔多斯市各旗县城镇化率在过去 11 年间走势一致，均呈现上升趋势，上升幅度不大。乌兰察布市各旗县中卓资县、丰镇市、察哈尔右翼前旗及兴和县的就近城镇化水平波动较大，其余旗县的城镇化率相对维持在稳定的水平上，不存在大幅升降的现象。二是从影响呼包鄂乌就近城镇化水平的因素看，在经济因素中，第三产业产值占 GDP 比重的提升会对就近城镇化水平的提高起到积极促进作用。交通因素及贸易因素均对就近城镇化程度有正向影响。从公共服务因素看，持续增强的教育供给、医疗卫生条件等有助于就近城镇化水平提高这一目标的实现。三是在异质性方面，不同因素对不同地区就近城镇化水平产生的影响不同。纵向来看，对于呼和浩特市旗县地区而言，其就近城镇化水平主要受经济因素、教育因素及就业因素的影响。对于包头市旗县地区而言，经济因素、贸易因素及就业因素是影响其城镇化率的主要因素。对于鄂尔多斯市旗县地区而言，经济因素、贸易因素、交通因素对其城镇化率产生的正向影响较大。对于乌兰察布市旗县地区而言，交通因素及教育因素在影响其城镇化率上发挥了主要作用。横向来看，经济因素、交通因素的影响范围较广。此外，多数地区要着重关注贸易因素和就业因素对就近城镇化水平产生的积极影响。各地应针对上述因素的影响大小来进行权衡，制定针对性的措施，选择不同的路径，因地制宜，不断推动呼包鄂乌不同地区的就近城镇化进程。

第六章 呼包鄂乌城市群人口就近城镇化的路径选择

一 就近城镇化路径选择的理论基础

最早,人口就近(就地)城镇化是指农村人口在不经历大规模空间转移的前提下就逐步实现城镇化或准城镇化。[1] 在此之后,逐步有学者从空间与含义的角度丰富这一概念。在时空上,相对于农村人口长距离跨省迁移的传统城镇化即异地城镇化,就近城镇化迁移距离较短,在迁移过程当中应尽力避免跨省跨市,但具体范围还未统一。在含义上,就近城镇化主要强调通过农村经济发展与农村基础设施建设,逐步缩小农村与城市的生活方式差异,一定程度上提高农业人口市民化生活水平,降低其盲目异地迁移的概率。[2] 改革开放之后,中国的城镇化得到了长足的发展,截至2019年年末城镇化率已达六成,根据西方发达国家经验,当城镇化率达到80%时标志着城镇化进程的结束,因此当前中国还处于城镇化阶段;随着经济发展从高速向高质量的转变,提出新

---

[1] Zhu Yu, *New Paths to Urbanization in China: Seeking More Balanced Patterns*, New York: Nova Science Publishers, 1999, p. 56.
[2] 潘丽华:《就地城镇化问题研究述评》,《内蒙古财经大学学报》2020年第3期。

型城镇化是中国城镇化发展的重要举措,新型城镇化是对传统异地城镇化理论的重大调整,是中国高质量城镇化进程的开始。① 中国新型城镇化的学术探讨于 2003 年谢志强②首次在《社会科学报》中提出新型城镇化开始,在党的十八大之后成为城镇化研究的重点方向,目前新型城镇化所关心的内容不仅仅是城镇人口数量,而是把各项服务是否可以达到城镇水平作为重点,可以说就近城镇化与新型城镇化不谋而合。

本章依据人口迁移理论对人口就近城镇化做理论分析。人口迁移理论的开端可以追溯到"迁移七大定律"③。此后,人口迁移理论不断得到丰富,来自经济欠发达地区的"推力"和经济发达地区的"拉力"共同决定了人口迁移,迁入地由于具有吸引人口迁移的条件而具有"拉力",迁出地则因有不利于人口生活的条件而具有"推力"④,"拉力"与"推力"分别为人口生活的优势与劣势⑤。而人口迁移现象主要由四点决定——迁移者的个人因素、迁出地的推力、迁入地的拉力以及距离和迁移成本等中间障碍因素。⑥

二 其他城市群人口就近城镇化的路径选择

依据当前宏观经济理论,路径作为模式的表现形式与实现手段是模式的递进,正确的顶层设计一定是模式与路径在统筹协调的基础之上多

---

① 陈明星、叶超、陆大道等:《中国特色新型城镇化理论内涵的认知与建构》,《地理学报》2019 年第 4 期。
② 谢志强:《新型城镇化:中国城市化道路的新选择》,《社会科学报》2003 年 7 月 3 日。
③ Ravenstein E. G., "The Laws of Migration", *Journal of the Royal Statistical Society*, Vol. 48, No. 2, 1885, pp. 167 – 277.
④ Heberle R., "The Causes of Rural – Urban Migration a Survey of German Theories", *American Journal of Sociology*, Vol. 43, No. 5, 1938, pp. 932 – 950.
⑤ Bogue D. J., *Principles of Demography*, New York: John Wiley and Sons, 1969, pp. 54 – 55.
⑥ Everett S. Lee, "A Theory of Migration", *Demography*, Vol. 3, No. 1, 1966, pp. 47 – 57.

重创造组合，最终精准稳定发力的结果。路径完全依附于模式是纯粹的战术执行，所以研究人口就近城镇化的路径选择就必须首先考虑就近城镇化模式，根据笔者对相关文献的梳理可以将人口就近城镇化模式大致分为以下几类。第一类，经过学者对中国江浙地区的人口就近城镇化研究之后发现，人口就近城镇化模式可按照区位优势发展为对外商贸型、旅游特色型和产业集聚型3种。[1] 第二类，通过对河南省典型人口就近城镇化案例的分析，归纳出市场主导、政策主导和民众主导3种模式。[2] 第三类，从空间范围的角度提出适宜中国使用的县域经济、强镇崛起和以地级市为单位3种模式，县域经济关注农业人口所谓"就地"的经济发展，强镇崛起强调经济水平较高的城镇应充分发挥其辐射效应带动农业人口就近城镇化，以地级市为中心着重发挥地级市的带动作用以促进城乡一体化。[3] 第四类，通过将研究视角关注于农民就近购置房屋并进城生活，从内在动因将人口就近城镇化归纳出投资居住、改善居住、工作便利、教育消费和面子竞争5种类型。[4] 第五类，通过对就近城镇化外在原因的研究将就近城镇化模式概括为房地产开发、企业带动、集体筹资等。[5] 虽然人口就近城镇化在许多方面具有积极作用，尤其是在农业人口方面，它可以提高农业人口可支配收入、提高农业人口生活水平，但在不同地区均存在不同程度的发展困难，所以逐渐有学者开始对人口就近城镇化的实现路径进行研究。

人口就近城镇化路径选择的基础是符合中国国情，即幅员辽阔、人

---

[1] 张艳明、章旭健、马永俊：《城市边缘区村庄城镇化发展模式研究——以江浙经济发达地区为例》，《浙江师范大学学报》（自然科学版）2009年第3期。

[2] 宣超、陈甬军：《"后危机时代"农村就地城镇化模式分析——以河南省为例》，《经济问题探索》2014年第1期。

[3] 李强、陈振华、张莹：《就近城镇化模式研究》，《广东社会科学》2017年第4期。

[4] 黄鹏进：《"半城半乡"与农民的就近城镇化模式》，《治理研究》2019年第5期。

[5] 吴碧波：《中国农村就地城镇化模式选择研究》，中央财经大学，博士学位论文，2016年。

口众多①，而呼包鄂乌城市群是内蒙古自治区经济发展水平最高、人口密度最高的地区。自谢志强首次提出新型城镇化问题开始，中国的新型城镇化路径选择逐渐成为城镇化的研究重点，而通过国际经验与中国国情的双重考量决定了就近（就地）城镇化是中国新型城镇化实现路径的必然选择。②

（一）人口就近城镇化路径选择的国际经验

从国际经验看，发达国家的人口就近城镇化路径选择大同小异，均以小城镇与中小城市为载体，这点与李强等在2017年所提出的县域经济、强镇崛起和以地级市为单位3种模式相似，其中最具有代表性的是美国、法国和德国。

美国的城镇化率超过80%，依据国际惯例城镇化率超过80%视为城镇化过程结束，其已经处于城镇化完成阶段，美国共有大、中、小型城市2000个左右，而绝大多数人口居住在中小型城市与小型城镇。美国在人口就近城镇化的过程当中十分重视中小城市与小城镇的载体作用，通过利用纽约、洛杉矶等特大城市中心城区的强大带动力，逐渐形成以特大城市为中心、以中小城市和小城镇为卫星城的许多城市圈与城市群，其中有一部分卫星城是由郊区和农村为基础建造而成。这些卫星城一方面分担了特大城市的城市压力，另一方面依靠便捷的交通与强大的辐射能力提高周边卫星城的生活服务供给水平。这些地区的农业从业人口由此就地城镇化，在不离开居住地的情况下缩小与大城市之间的生活水平差距。

法国在人口就近城镇化的过程当中更加注重发展具有一定文化特色

---

① 李浩：《"24国集团"与"三个梯队"——关于中国城镇化国际比较研究的思考》，《城市规划》2013年第1期。
② 廖永伦：《就地就近城镇化：新型城镇化的现实路径选择》，《贵州社会科学》2015年第11期。

的小城镇。在法国本土的 17 个省中有超过 130 个特色小城镇，并且在持续发展当中，促进特色小镇发展的观念与张艳明等提出的旅游特色型模式、李强等提出的强镇崛起有着内在联系。所谓"特色"就是强调城镇本身的历史文化，包含地方特产、世代传承的各类工艺品和具有地方特色的节日习俗，以这类特色文化为契机大力开展相关经济文化交流，促进地方城镇产业发展从而吸引周边农业转移人口前往就业，逐步提高小城镇的知名度与影响力以带动周边乡村发展。法国的历史乡土文化以文化小镇的形式呈现，通过发展具有强烈地方特色的文化产业从而扩大内部需求，促进产业集聚实现农业人口转移，使农业转移人口实现就地市民化生活。①

德国在人口就近城镇化的过程当中十分注重将主导产业安置于小城镇，这一模式有助于小城镇实现人口聚集从而就地人口转移。德国于 20 世纪初实现完全城镇化，国内小城镇数量达到约 13500 个，全国 7000 余万人居住在小城镇与乡村地区，占总人口的 85% 以上。在产业布局的过程中，德国超过 80% 的企业与科研院所位于小城镇。德国的就近城镇化模式有效地分担了大城市的住房需求，极大地稳定了德国房地产市场。②

(二) 人口就近城镇化路径选择的国内实践

从国内实践看，中国历经多年城镇化探索，也逐步形成了一些成功路径模式。同时，学术界从"异地城镇化"到"就近城镇化"也已经取得很多重要的研究成果，中国人口就近城镇化的实践探索与改革开放几乎同步开始，已历时约 30 年。由于中国就近城镇化与改革开放同步进行，所以一些处于改革开放前沿的地区由于经济发展速度较快，故而

---

① 孙玉玲、王明亮：《就近就地城镇化问题研究》，《城市观察》2014 年第 5 期。
② 马庆斌：《就地城镇化值得研究与推广》，《宏观经济管理》2011 年第 11 期。

就近城镇化探索与实践也处于中国前列。

北京市使用农业集成商模式推动人口就近城镇化。所谓农业集成商，是指乡村经济组织和大型企业按照政府主体、市场主导原则建立农业农村发展体，在该过程当中，属于农业经营领域的包括农业用地整理、农产品种植与加工、农产品销售和属于农民生活领域的农民居住与就业、农村基础设施建设、农村建设用地整理等项目由政府统一规划，由企业组织资金。

农业集成商模式很好地把工业化、城镇化和市场化三者相结合，将原来的"三无"农民变为如今的"三有"农民，是在"三农"领域的重大实践。该模式也是"村企合建"促进农村发展的典型案例，它逐步实现农民就地依托小城镇实现非农就业、享受城市公共服务，极大地促进了人口就近城镇化。北京的农业集成商模式具有以下几点借鉴意义。第一，诸多实践表明，单独依靠政府财政支出进行农村建设不仅会大量增加财政负担，并且不可持续，而"村企合建"的方式可以解决上述问题。第二，在传统的认知中只有将大量郊区农村拆迁，实现土地入城、农民进城才是城镇化，而这样的城镇化是单向城镇化，有可能激发社会矛盾，为了实现双向城镇化需要鼓励产业、资金、技术进村，而非土地进城，这一点类似于就近城镇化的德国模式。第三，农业集成商模式会极大地增加村集体财政收入，而这些收入需要在提升村各项公共服务水平之后才可以参与农民分红。第四，注重农村传统文化，有效地促进农民生活方式转变而非简单的户籍性质改变，更好地提升新型城镇化水平。

浙江省海盐县就近城镇化模式。[①] 浙江省海盐县是中国就地城镇化的典型案例，该县推行行政管理权限、要素保障机制、财政管理体制等多方面改革，在实践过程当中大力借鉴发达国家经验，其主要特点如

---

① 刘磊：《海盐县就地城镇化实践研究》，《经济论坛》2014年第12期。

下。第一，海盐县在城镇化过程当中努力实现农业转移人口就地非农就业与市民化，在实现"人"的城镇化过程当中做出许多努力，如大力推进产城融合，促进产业集聚，建设多产业联动发展的经济地带；加快城乡一体化进程，逐步破解城乡二元结构，进行明确农村房屋产权、宅基地使用权工作，全面完成农村集体资产股份制改革；提高城乡公共服务均等化水平，实现居民社会养老保险、医疗保险城乡全覆盖，逐步优化城乡资源配置促进教育、医疗事业的均衡发展。第二，海盐县在就近城镇化过程当中，建立了完善的农村宅基地管理体制，探索出一种沿海经济发达地区农村土地改革的可行模式，如保障宅基地合理需求，在不违反节约用地的原则上充分尊重农村人民的乡村情怀，实现了以人为本的"人"的城镇化；加强对农村宅基地管理力度，建立了各级审批制度，真正做到公平公正配置有限的农村宅基地资源。第三，积极创新金融服务，创建政府宏观调控的新型投融资体制，如降低民间资本准入门槛，鼓励民间资本参与公共服务建设；强化政府投资监管力度，形成政府多方位监管体系与责任追究制度。第四，借鉴西方发达国家就近城镇化发展经验，努力实现绿色低碳的城镇化，提升居民生活水平；积极引进发达国家先进农业技术与农业人才，发展绿色农业、可持续农业；大力发展旅游产业，因地制宜建立了既有水土风情又有沿海特色的新型旅游模式。

　　海南省澄迈县的产业带动就地城镇化模式。[①] 在澄迈县的产业带动模式当中，特色旅游业居于核心地位。福山咖啡是澄迈县的特色农产品，福山咖啡品质优越，深受各地消费者欢迎，当地政府敏锐地抓住这一本地特色，将福山咖啡与旅游业相结合，建设福山咖啡风情镇，打造咖啡主题特色旅游业，大大增加农民收入，有力推进就近城镇化。另

---

① 林芳兰：《就地城镇化是加快新型城镇化进程的重要选择——海南澄迈县就地城镇化的实践范例与启示》，《新东方》2016年第2期。

外，澄迈县注重打造"人"的城镇化，政府大力投入财政支出建设美丽乡村，极大地改善了农村人民的生活质量。与浙江省海盐县相同，澄迈县在经济建设当中十分重视生态保护，坚持生态立县。澄迈县同样坚持推进城乡公共服务均等化，大力缩小城乡差距，确保城乡共享现代化成果，海南省澄迈县的产业带动就地城镇化模式具有以下借鉴意义。第一，在就地城镇化过程当中，发展县镇经济是核心。缺乏产业便缺乏就业，要充分发掘本地特色资源，通过产业集聚的方式提高乡镇地区吸纳劳动力的能力，同时也可以避免由盲目拆迁导致的单向城镇化以及由此造成的社会矛盾与社会压力。第二，政府注重合理规划，实现村镇、道路网络、基础设施的科学布局，规划方案尊重当地自然资源与地理环境。第三，注重就近城镇化质量，城镇化发展不能以生态破坏为代价，将生态优先理念贯穿经济建设，建立严格的开发保护制度，健全有效的责任追究制度与损害赔偿制度；城镇化质量还包括农村人民的生活水平是否得到提高，打破户籍导致的城乡不平衡服务是关键一环，澄迈县实现了基本社会养老保险、医疗保险的城乡同等，加大了村镇教育、卫生等民生项目的建设，对失地农民进行了职业技能培训，帮助农民实现就业转移。

江苏就地城镇化苏南模式。[①] 在20世纪80年代，著名社会学家费孝通首次提出苏南模式这一概念，当时特指江苏南部的苏州、无锡、常州等地的农业人口自行创办乡镇企业实现非农发展的方式。苏南模式历经数十年发展，其概念也不断得到深化，不过，在人口就近城镇化模式选择上，坚持就近城镇化与异地城镇化协调发展是该模式的核心点。追溯苏南模式发展的历史进程可以分为三个阶段。一是20世纪80年代到90年代的非农化阶段。在农村经济改革初期，位于苏南的许多乡村自

[①] 崔曙平、赵青宇：《苏南就地城镇化模式的启示与思考》，《城市发展研究》2013年第10期。

力更生创办乡镇企业，农业就业人口实现了自行就业转移，这种以农村工业化为主的"离土不离乡，进厂不进城"的城镇化方式也经常被称作"自下而上"的城镇化。二是在20世纪90年代，随着经济全球化和改革开放，一方面，苏南人民逐渐放弃之前依靠工业的发展路径，慢慢地将发展的着力点放在金融、通讯、教育、旅游等新兴领域；另一方面，随着中央积极建设小城镇的城镇化方针提出，本身就拥有许多乡镇企业的苏南村镇得到了快速发展，苏南地区的小城镇吸引了大量本地、外地劳动力就业，取得了巨大的经济成果。三是21世纪，苏南模式紧跟时代步伐，重点依靠县城的辐射作用，将就近城镇化与异地城镇化、近程城镇化与远程城镇化结合发展。

可以看到，苏南模式历经了从"传统苏南模式"到"新苏南模式"的转变。"新苏南模式"在发展理念、管理模式、资源配置手段等多方面的根本革新，主要表现为以下几点。第一，从内生型经济增长模式转变为外向型经济增长模式，"传统苏南模式"以本地乡镇企业为主，"新苏南模式"则十分注重外经、外贸、外资的推动作用。第二，资源配置手段更加合理，"传统苏南模式"实行产权的集体所有制导致经常发生产权模糊的情况，而"新苏南模式"实行的包括股份制经济、民营经济、外资经济的混合所有制经济模式使产权明晰，推动了政府主导、市场调节相结合的资源配置模式。第三，产业布局更加合理，从粗放型、污染型增长方式转为集约型、规模型经营的发展方式。第四，"新苏南模式"坚持绿色发展、可持续发展的发展理念，这一点是许多地区就近城镇化取得优异成果的要素之一。

山东省小城镇就地城镇化模式。山东省在人口就近城镇化的过程当中的主要问题是缺乏实力强劲的小城镇，根据国内外就近城镇化的成功经验，小城镇群的经济水平是就近城镇化的重要依靠，这也是山东省就近城镇化的最大短板。2012年6月，山东省下发《关于开展"百镇建设示范行动"加快推进小城镇建设和发展的意见》，该政策对选定的100个镇给予土地、金融、资金等多方面的支持。在小城镇产业发展方面，政府鼓励实体经济建设与产业集聚，依据各镇区位优势、经济基础确定主导产业，科学规划县镇体系。山东省在就近城镇化的探索当中不断丰富小城镇的社会服务功能，完善道路、排水、垃圾处理等基础设施，提高文化、教育、医疗等公共服务能力，实现"看村不见村"。在实践探索当中，当地人民总结出了农村新型社区建设这一重要工具，将若干零散的小农村整合为统一的居民社区，在按照城市要求对社区的服务保障能力建设之后，极大地推进了城乡公共服务均等化水平，加快了农业转移人口的市民化。通过对山东省小城镇的研究，在城镇力量薄弱地区要将县镇和中心镇作为重点，重视农村新型社区建设，实现农民就地多层次城镇化，设计出发挥公共政策引导作用、保证公共服务均等化、积极建设农村新型社区和以扩权强镇促进城镇发展的就近城镇化路径。[①]

此外还有，江苏、浙江、四川等省份探索出的"三个集中"模式。让有意愿去城市生活但无法负担商品房价格的农民，实现梦想的土地承包经营权置换城市社会保障和以宅基地使用权置换城镇住房的"双置换"模式。河南省"既不离土也不离乡"的就近城镇化模式积极建设农村新型社区，实现土地集约化利用和农业转移人口的就地生产生活方式转变。重庆市"复垦、流转"农村闲置宅基地的处置模式全面考虑到了复垦主体的土地权利保障，既加强了土地管理又尊重了农村建设发展。综上所述，中国许多省份都积极地进行了就近城镇化模式的探索，为其他地区就近城镇化路径选择提供了启示。

根据对国内外其他城市群人口就近城镇化的路径选择分析，现将人

---

① 李健、杨传开、宁越敏：《新型城镇化背景下的就地城镇化发展机制与路径》，《学术月刊》2016年第7期。

口就近城镇化路径选择要点整理如下。第一，以小城镇为载体、以产业发展吸引劳动力就业为"拉力"实现人口集聚。第二，注重小城镇的当地特色，充分利用特色文化、特色产品促使产业发展，提高城镇影响力。第三，推进城乡公共服务均等化，缩小城乡差距。第四，强调"人"的城镇化，提升城镇化质量，提高农村人民生活水平。第五，走绿色低碳的城镇化道路，坚持可持续发展。

三 呼包鄂乌城市群人口就近城镇化的路径分析

2022年2月24日，内蒙古自治区人民政府发布《内蒙古城镇化发展现状及建议》（以下简称《建议》），《建议》中指出内蒙古自治区城镇化发展现状呈现出三大特点。第一，纵向比较，城镇化水平稳步发展；第二，横向比较，城镇化水平名列前茅；第三，盟市比较，发展差异明显，其中呼和浩特市、包头市、鄂尔多斯市、乌兰察布市分居第4、2、5、9名。而在当前内蒙古城镇化发展存在的问题当中特别指出，呼包鄂三市经济总量占全区半壁江山，但缺乏辐射带动能力、缺乏人口吸纳能力，城市群实际作用与其定位不符，并且全区城镇化质量不高，在乡村转移人口市民化问题和城市管理服务能力上存在缺点。《建议》在提高内蒙古自治区城镇化质量上提出三点建议。第一，优化升级产业结构，促进乡产业协同发展；第二，完善城市公共基础设施，提高城市群综合承载力；第三，优化转移人口就业环境，提高城镇化保障体系。《建议》当中多次提到呼包鄂城市群在内蒙古自治区城镇化的作用，对呼包鄂城市群的带动作用给予高度期盼。由于呼包鄂乌地理区位、经济基础、产业优势不同，下文将分别分析四市的人口就近城镇化路径选择。

(一) 呼和浩特市人口就近城镇化路径选择

从国内外其他城市群人口就近城镇化经验来看，决定人口就近城镇化的关键在于小城镇的产业集中和公共服务均等化程度，两者受到经济发展水平和公共财政预算支出的共同影响，而城乡差异则是导致人口就近城镇化水平较低的原因。表 6-1 至表 6-5 分别为呼和浩特市 2005—2020 年各城区、旗县区国内生产总值、公共财政预算支出、人均可支配收入、中小学数量和医疗卫生技术人员数统计数据，数据来源于历年《内蒙古自治区统计年鉴》，其中缺失数据已根据年均增长率补齐。

表 6-1　　2005—2020 年呼和浩特市各城区、旗县国内生产总值　　（万元）

年份	新城区	赛罕区	玉泉区	回民区	土默特左旗	托克托县	和林格尔县	清水河县	武川县
2005	1485391	1142172	607897	958527	540735	635897	618819	122987	194601
2006	1900641	1557998	869460	1230539	720989	830916	780309	160008	240336
2007	2336494	1841131	1140536	1485700	907718	1122819	919892	220976	297151
2008	2810214	2246738	1328508	1738884	1140094	1265458	979900	266913	387404
2009	3339527	2679503	1566516	2013952	1323192	1463449	1120758	318810	400367
2010	3884080	3140978	1837763	2321449	1511753	1729310	1291979	401469	449535
2011	4542096	3703155	2187637	2700461	1833467	2071804	1455727	492813	545630
2012	5145999	4200078	2502871	3104476	2131378	2374118	1687434	577449	643176
2013	5673173	5384480	2508937	3133010	2068913	2366221	1406910	616361	809403
2014	6191455	5730522	2721208	3423469	2147954	2364208	1409811	644207	782477
2015	7288349	6165652	3095032	3999501	2372750	2424539	1531266	700855	836637

续表

年份	新城区	赛罕区	玉泉区	回民区	土默特左旗	托克托县	和林格尔县	清水河县	武川县
2016	7777650	6572066	3279562	4245525	2433205	2495512	1575379	718800	855531
2017	6977760	6831987	3061487	3484163	1810796	1489923	1642855	657400	785940
2018	5529400	7276051	3173706	3701618	2064049	1554733	1712345	614200	634324
2019	6051200	7766700	3066365	2981007	1882300	1486000	1745800	586600	506300
2020	6073700	7734300	3244900	2857000	1911900	1421900	1825400	658900	512100

表6-2　2005—2020年呼和浩特市各城区、旗县公共财政预算支出　　（万元）

年份	新城区	赛罕区	玉泉区	回民区	土默特左旗	托克托县	和林格尔县	清水河县	武川县
2005	34016	68145	19598	31689	51388	72830	56133	18378	21796
2006	36187	60315	37997	36198	57766	67591	66593	23332	28480
2007	63678	78041	41760	40687	97079	79498	69827	30679	37307
2008	74641	168045	38322	43080	122694	94830	94155	42596	67125
2009	103026	135391	60021	82982	155744	133583	109429	65653	83810
2010	125107	164471	68179	80501	142292	137044	114582	76003	96045
2011	147945	215180	79436	129539	187679	164605	163917	96653	114837
2012	144294	273175	107747	121837	228657	168249	201948	110893	124102
2013	176995	284577	108087	134388	242350	217633	216333	122933	137621
2014	191447	302318	1309371	139504	244482	233399	193593	140304	149119
2015	248436	397987	129073	127123	300675	236426	203868	118801	160160
2016	430583	386506	146019	163638	370767	258781	227653	136104	171620
2017	341508	323425	187962	150409	311215	219393	255818	151921	155706

续表

年份	新城区	赛罕区	玉泉区	回民区	土默特左旗	托克托县	和林格尔县	清水河县	武川县
2018	263505	324764	147896	146424	322902	233029	230608	169669	154555
2019	247600	385861	187742	278190	261177	197355	237584	183282	164553
2020	379568	406524	169856	196112	339829	213485	283379	173873	181852

表 6-3　2005—2020 年呼和浩特市各城区、旗县人均可支配收入　　（元）

年份	新城区	赛罕区	玉泉区	回民区	土默特左旗	托克托县	和林格尔县	清水河县	武川县
2005	12687	12137	11763	12680	6267	6789	5996	5472	5133
2006	14171	13486	13070	14089	6963	7543	6662	6081	5704
2007	15829	14984	14523	15654	7737	8382	7402	6756	6337
2008	17681	16649	16136	17393	8596	9313	8225	7507	7042
2009	19750	18499	17929	19326	9552	10348	9139	8341	7824
2010	22061	20555	19921	21473	10613	11497	10154	9268	8694
2011	24642	22839	22135	23859	11792	12775	11283	10298	9660
2012	27526	25377	24595	26511	13103	14195	12537	11442	10733
2013	29946	27659	26883	28900	14532	15696	13930	12714	11926
2014	32607	30235	29418	31603	15972	17295	15304	11360	12824
2015	35378	32818	31861	34326	17219	18712	16505	14539	13650
2016	38208	35247	34410	37038	18579	20209	17809	15644	14892
2017	41430	38153	37330	40121	20157	21903	19295	17123	16263
2018	44568	41072	40229	43125	21853	23691	20885	18568	17745
2019	47732	43876	43195	46144	23786	25607	22701	20283	19135
2020	48662	44673	44121	47043	24791	26678	23673	21278	19930

表6-4　　2005—2020年呼和浩特市各城区、旗县中小学数量　　（所）

年份	新城区	赛罕区	玉泉区	回民区	土默特左旗	托克托县	和林格尔县	清水河县	武川县
2005	79	112	61	60	141	72	127	93	56
2006	73	108	61	61	150	97	103	101	85
2007	71	106	63	58	113	79	84	110	57
2008	69	105	58	55	136	50	75	85	42
2009	67	105	43	56	108	23	45	66	32
2010	67	98	50	55	105	22	41	40	32
2011	65	69	46	55	104	22	41	24	32
2012	66	62	48	53	38	22	41	24	26
2013	64	60	46	47	39	22	36	23	24
2014	46	60	44	53	41	22	36	23	16
2015	50	61	45	52	40	24	22	23	16
2016	58	62	45	52	38	25	22	23	16
2017	56	63	45	52	39	24	21	10	8
2018	60	65	39	52	37	24	21	11	8
2019	60	66	40	52	38	23	20	11	9
2020	57	66	38	53	29	23	22	10	9

表6-5　　2005—2020年呼和浩特市各城区、旗县医疗卫生技术人员数　　（人）

年份	新城区	赛罕区	玉泉区	回民区	土默特左旗	托克托县	和林格尔县	清水河县	武川县
2005	1440	3670	311	3614	552	430	355	349	451
2006	1827	3478	311	2973	513	461	417	349	468

续表

年份	新城区	赛罕区	玉泉区	回民区	土默特左旗	托克托县	和林格尔县	清水河县	武川县
2007	1468	3485	1011	3885	535	445	437	353	494
2008	3086	3481	683	4849	485	392	434	358	475
2009	3058	3501	683	3420	475	399	339	333	478
2010	3056	3527	615	5202	574	331	359	336	466
2011	3445	3589	703	5301	599	401	315	336	483
2012	2832	3620	733	5322	564	482	664	426	663
2013	2832	3681	755	4413	1238	503	584	421	668
2014	1827	5270	3283	6227	1242	549	435	418	596
2015	2840	5880	3312	6210	661	580	438	395	596
2016	3510	8571	4245	6848	712	903	404	433	693
2017	3752	9857	4372	6848	799	759	523	265	569
2018	4018	10322	4805	6538	1157	948	496	386	592
2019	5165	11132	5001	5749	1421	1006	593	241	625
2020	6688	11278	5489	5768	1413	1105	878	585	601

根据表6-1至表6-5，可以得出以下结论。第一，呼和浩特市城区经济发展水平远高于旗县区，城乡经济水平的巨大差距将导致乡镇企业积极向经济规模更大的城区转移以寻求更加广阔的市场，进一步削弱旗县地区吸纳就业人口的能力，不利于旗县地区的产业集聚。第二，城乡公共财政预算支出差距不断缩小，但乡镇地区缺乏集聚效应致使政府财政支出作用减弱。第三，城区人均可支配收入远高于旗县地区导致城乡消费差距进一步扩大，不利于乡镇企业发展。第四，教育和医疗等公

共服务设施数量差距巨大,不利于城乡公共服务均等化。面对上述问题,呼和浩特市的人口就近城镇化路径选择可参考以下模式。

第一,城乡经济水平差距导致人口迁移的"拉力"与"推力"太大,强化旗县地区经济水平可以借鉴北京市的农业集成商模式。呼和浩特市多数农业人口居住在旗县地区,地方政府可以协助农民成立乡村经济组织,鼓励大型企业投资,按照政府主体、市场主导原则建立农业农村发展体,将农业用地整理、农产品种植加工、农产品销售、农民居住、农民就业与农村基础设施建设统一规划。"村企合建"是重要的发展方式,单独依靠政府财政支出无法长久持续,而农业集成商模式带来的村集体收入增长不仅可以提高农民个人可支配收入,同时也可以用于农村基础设施建设从而减少政府财政负担。农业集成商的建立可以增加旗县地区的就业岗位,减少城区"拉力"和乡镇"推力"。

第二,城乡公共服务差距将降低就近城镇化质量,不利于实现"人"的城镇化,在该方面可借鉴浙江省海盐模式与德国模式。首先,在城乡公共服务设施方面,呼和浩特市可以借鉴德国模式将一部分重点高中、大学、医院、企业安置于旗县地区,对教育资源、医疗资源与就业岗位的追逐将使更多人前往乡镇定居,实现小城镇人口聚集。此举将有效分担城区的生活压力,如道路拥挤、住房需求大等问题将得到一定程度的解决。其次,在公共服务体制方面可以借鉴浙江省海盐模式,推行行政管理权限、要素保障机制、财政管理体制等多方面改革。例如,农村集体资产股份制改革,实现居民社会养老保险、医疗保险城乡全覆盖,逐步优化城乡资源配置促进教育、医疗事业的均衡发展,建立完善的农村宅基地管理体制,积极创新金融服务等。

(二) 包头市人口就近城镇化路径选择

表 6 - 6 至表 6 - 10 分别为包头市 2005—2020 年各城区、旗县区国

内生产总值、第二产业增加值占比、人均可支配收入、中小学数量和医疗卫生机构技术人员数统计数据，数据来源于历年《内蒙古自治区统计年鉴》，其中缺失数据已根据年均增长率补齐。

表6-6　　2005—2020年包头市各城区、旗县国内生产总值　　（万元）

年份	东河区	昆都仑区	青山区	九原区	石拐区	白云鄂博矿区	土默特右旗	固阳县	达茂旗
2005	1031452	2871020	1346401	842718	153244	76885	427317	250418	386120
2006	1300130	3551239	1761547	1051814	241122	101133	524010	305177	522867
2007	1663280	442422	2339396	1316346	292445	126223	765623	408173	653417
2008	2556269	6505029	3678785	1180151	451839	137319	1019201	522479	858800
2009	2952615	7132737	4625718	1389248	521792	189132	1388061	645134	1068628
2010	3359932	7417253	5430318	1694204	575887	207571	1689303	722978	1190151
2011	3901098	8596324	6729890	2408450	756975	261880	2335020	896497	1469555
2012	4372362	9048465	7088097	2893269	904047	318141	2851270	1035919	1686607
2013	4789959	10001428	8005734	3161689	994854	348048	3160900	1123100	1892200
2014	4913700	10580100	8303600	3304000	1009300	367000	3343100	1161100	2023900
2015	5105300	10894200	8737500	3379900	1026100	401700	3463400	1185900	2087800
2016	5349975	11357950	9186929	3506383	1036292	411300	3539314	1199384	2128304
2017	4324234	10231323	9123813	3012431	912032	351442	2651834	914754	1623718
2018	3645685	9417424	9241244	2612381	712381	341234	2014324	899341	1412345
2019	3294119	8158800	9202218	2465426	594552	320585	1617270	571178	920544
2020	3370369	8339595	5664137	2555652	574556	313926	1649397	634946	916119

表6-7　2005—2020年包头市各城区、旗县第二产业增加值占比　　　（%）

年份	东河区	昆都仑区	青山区	九原区	石拐区	白云鄂博矿区	土默特右旗	固阳县	达茂旗
2005	42.2	61.1	49.0	46.0	81.1	77.8	31.0	59.6	61.1
2006	43.6	59.8	50.9	46.2	84.4	79.0	33.8	61.3	65.7
2007	42.5	57.7	49.8	41.1	84.7	77.4	33.9	64.5	64.8
2008	39.9	59.4	48.0	45.5	87.0	68.1	36.3	67.2	68.2
2009	38.8	55.9	50.4	44.6	86.3	72.8	44.4	68.6	69.4
2010	39.4	52.2	51.8	48.6	87.0	73.1	46.0	68.1	69.7
2011	38.2	51.0	53.5	57.3	84.6	75.0	53.6	69.9	71.4
2012	39.0	45.6	46.7	57.6	89.3	76.7	57.1	70.6	71.8
2013	37.1	43.2	45.2	55.6	89.3	76.5	57.3	69.9	70.4
2014	33.5	41.2	43.3	55.9	84.7	75.9	58.1	69.6	70.6
2015	32.9	40.2	41.7	54.0	84.1	76.4	57.7	68.9	61.3
2016	31.8	38.9	40.5	54.0	83.5	75.3	57.4	68.6	60.4
2017	31.6	37.9	40.2	46.9	80.1	73.4	45.6	59.5	57.1
2018	29.8	37.2	41.4	43.2	76.4	72.6	34.5	47.9	55.1
2019	29.6	37.0	41.4	39.1	74.7	70.9	30.3	43.1	53.1
2020	31.9	39.4	37.1	41.3	74.3	71.8	30.3	46.6	53.0

表6-8　2005—2020年包头市各城区、旗县人均可支配收入　　　（元）

年份	东河区	昆都仑区	青山区	九原区	石拐区	白云鄂博矿区	土默特右旗	固阳县	达茂旗
2005	12467	15457	16831	12184	9696	15435	7450	5806	8291
2006	13853	17175	18701	13538	10773	17150	8277	6450	9212
2007	15392	19083	20779	15042	11970	19056	9197	7167	10236

续表

年份	东河区	昆都仑区	青山区	九原区	石拐区	白云鄂博矿区	土默特右旗	固阳县	达茂旗
2008	17102	21203	23088	16714	13300	21173	10219	7963	11373
2009	19002	23559	25654	18571	14778	23526	11355	8848	12637
2010	21114	26177	28504	20634	16420	26140	12616	9832	14041
2011	23460	29086	29086	22927	18244	29044	14018	10924	15601
2012	26067	32318	32318	25475	20272	32273	15576	12138	17334
2013	28451	35227	35227	27945	22203	35178	17307	13487	19261
2014	30891	57081	59728	30406	25975	38203	18940	14677	21006
2015	33146	58947	63574	32899	28183	40915	20530	15880	22749
2016	35599	43922	43922	35498	30438	43902	22152	17119	24569
2017	38447	47348	47187	38515	33056	47326	24067	18625	26756
2018	41407	50662	50615	41442	35767	50591	25982	20171	29004
2019	43924	53854	53753	44343	39316	53728	27774	21885	31556
2020	44667	54393	54291	45674	39901	54061	29246	23168	33670

表6-9　　2005—2020年包头市各城区、旗县中小学数量　　（所）

年份	东河区	昆都仑区	青山区	九原区	石拐区	白云鄂博矿区	土默特右旗	固阳县	达茂旗
2005	63	77	41	89	13	6	124	46	39
2006	64	73	41	84	13	5	93	39	25
2007	62	71	41	90	12	5	35	30	23
2008	74	79	43	42	11	5	33	17	19
2009	70	77	43	36	11	5	21	16	9
2010	65	74	42	27	4	5	24	16	9

续表

年份	东河区	昆都仑区	青山区	九原区	石拐区	白云鄂博矿区	土默特右旗	固阳县	达茂旗
2011	65	74	42	27	4	5	28	16	9
2012	65	66	40	22	4	5	28	8	9
2013	61	62	38	22	4	5	28	8	9
2014	60	61	38	22	4	5	28	8	8
2015	44	61	38	22	4	5	28	8	8
2016	43	60	38	23	4	5	28	8	8
2017	41	59	53	23	4	5	28	8	9
2018	42	58	56	22	5	5	28	8	9
2019	39	60	57	23	6	5	28	8	9
2020	38	60	42	23	6	5	27	8	9

表 6–10　　2005—2020 年包头市各城区、旗县医疗卫生机构技术人员数　　（人）

年份	东河区	昆都仑区	青山区	九原区	石拐区	白云鄂博矿区	土默特右旗	固阳县	达茂旗
2005	2631	3769	3433	487	416	150	734	529	366
2006	2579	3462	3193	428	368	150	741	501	352
2007	2454	3639	3976	425	410	146	548	498	299
2008	2459	3759	4780	413	312	151	586	502	316
2009	2255	3883	4702	481	278	151	445	499	341
2010	2393	4077	3962	525	278	151	471	534	389
2011	2487	4371	5068	885	267	171	756	518	368
2012	3793	5630	5260	1115	342	191	782	481	408

续表

年份	东河区	昆都仑区	青山区	九原区	石拐区	白云鄂博矿区	土默特右旗	固阳县	达茂旗
2013	3892	6730	5419	1128	319	164	968	479	429
2014	4968	6361	5607	1170	35	156	818	469	460
2015	5027	6819	5459	1249	68	165	813	478	465
2016	5578	7308	5876	1273	63	167	953	512	540
2017	5884	7493	6450	1321	70	179	949	523	533
2018	5890	7427	6929	1601	77	160	986	499	563
2019	5893	7550	6630	2176	84	149	1014	544	545
2020	5838	7935	6704	2338	120	153	1214	630	571

　　由表6-6至表6-10可知，包头市城乡经济发展水平同样存在差距，城乡公共服务设施数量不平衡，公共服务均等化水平低，上述特征与呼和浩特市相似，可以借鉴德国模式与北京农业集成商模式。但包头市也有其自身特点，根据表6-7可知，包头市城区与旗县区均以第二产业为主导产业，全地域发达的工业是其最大优势。由于全域工业发达，所以包头市产业转移门槛小，从城区到旗县区的重工产业转移可以实现无缝衔接，全域有相当一部分工人拥有相关工作经验，产业空间转移后的用工问题可以得到迅速解决。

　　针对包头市工业发达特点，美国模式和海南省澄迈模式具有借鉴意义。在美国人口就近城镇化模式当中需要围绕大城市建设众多卫星城，其中有部分卫星城是以郊区和农村为基础改建而成的，包头市旗县区较发达的工业能力是实现农村改造的保障。通过郊区、农村就地城镇化改造，可以使当地人民就地实现市民化生活，再辅以公共服务体制改革，实现居民社会养老保险、医疗保险城乡全覆盖，切实推进城乡公共服务均等化。同时，包头市也可以布局类似于澄迈县的产业带动就地城镇化模式，澄迈县依靠福山咖啡这一特色产品建设特色咖啡旅游业，而包头市全域工业发达的特点可以促使工业产品创新，建设包括科技创新园等产业，一方面吸引大量参观者提升知名度，另一方面可以有效宣传自身产品、提高订单数量、增加经济收入。

（三）鄂尔多斯市和乌兰察布市人口就近城镇化路径选择

表 6 – 11 至表 6 – 20 分别为鄂尔多斯市和乌兰察布市 2005—2020 年各城区、旗县区国内生产总值、第二产业增加值占比、人均可支配收入、中小学数量和医疗卫生机构技术人员数统计数据，数据来源于历年《内蒙古统计年鉴》，其中缺失数据已根据年均增长率补齐。

表 6 – 11　　2005—2020 年鄂尔多斯市各城区、旗县国内生产总值　　（万元）

年份	东胜区	达拉特旗	准格尔旗	鄂托克前旗	鄂托克旗	杭锦旗	乌审旗	伊金霍洛旗	康巴什
2005	1364847	934160	1378399	143924	573938	230322	304557	896781	—
2006	1868974	1170906	24000027	168199	790849	288630	426443	1300031	—
2007	2900100	1599627	3000267	228845	1103330	298142	700082	2003806	—
2008	4752955	2123184	4512394	295700	1712314	314200	1060000	2922400	—
2009	5612834	2913245	5512314	365703	2312415	417900	1531300	3934876	—
2010	6391633	3386741	6711362	502269	2733886	501409	1894911	4729668	—
2011	7632638	4035568	8300235	680637	3291899	584800	2400110	5639536	—
2012	8503350	4514593	10003994	928438	3820684	700301	3101559	6356128	—
2013	8802777	4802980	10505364	1182505	4301329	770320	3780018	6455676	—
2014	9305300	4950200	11066700	1273400	4594200	842300	4035200	6755200	—
2015	9625600	4718100	11077800	1289900	4357500	896100	3989100	6598866	78700

续表

年份	东胜区	达拉特旗	准格尔旗	鄂托克前旗	鄂托克旗	杭锦旗	乌审旗	伊金霍洛旗	康巴什
2016	9427200	4908000	11432000	1364200	4534600	1002300	4124600	6814200	839900
2017	6219600	2860600	7485000	1182500	2988700	1123400	3614500	6947300	729700
2018	6713600	3095400	7788100	1269800	3260200	1245100	3245600	7190400	794200
2019	7126300	3226500	8200500	1352973	3603600	1253300	3091300	7318000	877600
2020	7022010	3196972	7519100	1404484	3730405	1288326	3168900	7106926	899500

表6-12　2005—2020年鄂尔多斯市各城区、旗县公共财政预算支出　（万元）

年份	东胜区	达拉特旗	准格尔旗	鄂托克前旗	鄂托克旗	杭锦旗	乌审旗	伊金霍洛旗	康巴什
2005	82236	61191	129293	27666	56663	40039	42862	83235	—
2006	113900	70105	158269	30009	56457	45469	52255	113903	—
2007	204710	91417	249482	39959	85282	51534	60812	131403	—
2008	342530	134500	278900	65691	123455	107042	104688	201380	—
2009	457679	156700	397800	107467	178900	152402	165342	236339	—
2010	531816	242480	449013	140915	197433	184031	161416	401878	—
2011	612428	326076	578281	232904	265546	212752	190826	381397	—
2012	810425	420975	694534	216766	269202	253702	231557	740234	—
2013	930501	374465	726677	264972	366247	274239	285124	882568	—
2014	1059268	388069	874444	235305	410089	279264	356431	737789	—
2015	1043806	502706	931981	287909	488719	296964	405870	807502	107286
2016	1005400	409325	967876	299078	532322	291910	410255	858253	102740
2017	519749	353073	720790	256418	356430	243707	296096	687692	111612

续表

年份	东胜区	达拉特旗	准格尔旗	鄂托克前旗	鄂托克旗	杭锦旗	乌审旗	伊金霍洛旗	康巴什
2018	615136	501720	777117	306076	412716	314949	380708	837209	146361
2019	717493	463000	901800	326248	455615	290399	450613	814225	160100
2020	777380	500092	867845	293611	444182	347897	504001	874859	194111

表 6-13　2005—2020 年鄂尔多斯市各城区、旗县人均可支配收入　　　　（元）

年份	东胜区	达拉特旗	准格尔旗	鄂托克前旗	鄂托克旗	杭锦旗	乌审旗	伊金霍洛旗	康巴什
2005	12573	8950	11338	9356	10056	8696	9352	11305	—
2006	13970	9945	12598	10396	11173	9663	10391	12561	—
2007	15522	11050	13998	11551	12415	10736	11546	13957	—
2008	17246	12278	15553	12835	13794	11929	12828	15508	—
2009	19163	13642	17281	14261	15327	13255	14254	17231	—
2010	21293	15158	19201	15846	17030	14727	15838	19146	—
2011	23659	16842	21335	17606	18922	16364	17598	21273	—
2012	26288	18714	23706	19563	21025	18282	19553	23637	—
2013	28601	20642	25768	21813	23465	20301	21726	26164	—
2014	34156	22768	28061	24082	25882	22433	23942	28466	—
2015	36729	24550	30175	26027	27956	24150	25840	30629	—
2016	39553	26449	32469	28132	30186	26003	27872	32958	—
2017	42981	28635	35224	30562	32692	28205	30205	35764	—
2018	46320	30931	37963	33180	35356	30619	32733	38627	44550
2019	49583	33181	40669	35946	37973	33084	35341	41521	48211
2020	50542	34164	41424	37123	38984	34255	36540	42675	48863

表 6-14　　2005—2020 年鄂尔多斯市各城区、旗县中小学数量　　（所）

年份	东胜区	达拉特旗	准格尔旗	鄂托克前旗	鄂托克旗	杭锦旗	乌审旗	伊金霍洛旗	康巴什
2005	42	79	73	16	23	26	31	26	—
2006	37	50	67	12	15	21	31	29	—
2007	39	41	54	12	15	21	26	28	—
2008	41	39	49	11	15	18	23	24	—
2009	43	33	41	11	16	15	12	23	—
2010	45	32	37	10	16	11	9	23	—
2011	50	30	38	9	14	9	11	22	—
2012	55	31	37	8	13	9	11	22	—
2013	50	31	37	8	13	9	11	23	—
2014	55	32	35	8	13	9	12	24	—
2015	55	34	37	8	13	9	13	24	9
2016	47	37	38	8	13	9	13	24	9
2017	48	40	38	9	13	10	16	25	11
2018	48	38	36	9	14	10	18	28	15
2019	53	41	36	8	14	10	19	27	15
2020	56	39	39	10	14	10	19	29	16

表 6-15　　2005—2020 年鄂尔多斯市各城区、旗县
医疗卫生机构技术人员数　　（人）

年份	东胜区	达拉特旗	准格尔旗	鄂托克前旗	鄂托克旗	杭锦旗	乌审旗	伊金霍洛旗	康巴什
2005	2032	772	773	316	261	427	233	358	—
2006	2346	847	1024	306	283	430	240	356	—

续表

年份	东胜区	达拉特旗	准格尔旗	鄂托克前旗	鄂托克旗	杭锦旗	乌审旗	伊金霍洛旗	康巴什
2007	2456	833	1131	290	326	387	260	357	—
2008	3414	987	1245	268	456	415	277	489	—
2009	4124	1022	1387	298	478	415	272	493	—
2010	4431	1113	1452	333	512	542	344	655	—
2011	4964	1279	1604	324	603	450	384	676	—
2012	5405	1895	2332	561	846	395	675	1174	—
2013	6192	1923	2459	622	943	787	748	1344	—
2014	7002	2218	2668	637	1010	842	867	1451	—
2015	8353	2278	2005	660	962	626	680	1117	1291
2016	4225	1767	2111	411	922	608	715	1273	1276
2017	4349	2207	2294	578	832	519	455	1243	1343
2018	5297	1980	2420	596	1099	653	870	1250	1580
2019	5437	2036	2498	630	975	699	835	1505	1603
2020	5781	2452	2640	664	970	750	891	1542	1983

表6-16　2005—2020年乌兰察布市各城区、旗县国内生产总值　　　（万元）

年份	集宁区	卓资县	化德县	商都县	兴和县	凉城县	察哈尔右翼前旗	察哈尔右翼中旗	察哈尔右翼后旗	四子王旗	丰镇
2005	399764	175723	105235	161114	172306	244913	210483	118256	181794	162175	374368
2006	466100	223998	124726	194859	207291	343177	256784	143743	229396	188167	458208
2007	608086	258058	150241	227314	223767	432415	345036	170235	279399	220161	558412
2008	750996	320133	190812	275208	276210	550258	444091	222216	351143	265002	700744

续表

年份	集宁区	卓资县	化德县	商都县	兴和县	凉城县	察哈尔右翼前旗	察哈尔右翼中旗	察哈尔右翼后旗	四子王旗	丰镇
2009	889417	363584	226502	305049	334106	610727	530028	237923	411894	281963	808968
2010	1050855	396108	283994	367511	397330	578272	571725	283928	494273	330120	921899
2011	1286653	483905	354024	454729	478989	684100	678786	353779	592785	418145	1114520
2012	1474841	544478	404390	512801	549779	744931	776256	400601	677441	470804	1269004
2013	1543449	568841	425601	580235	591131	761612	900872	436741	706333	497437	1325693
2014	1623769	614272	470234	625167	602079	735273	897195	478601	756229	535806	1382038
2015	1816327	639760	516852	599028	645801	764377	895866	565258	711726	562298	1420483
2016	1878503	658172	531471	612002	659396	781030	921747	577174	733021	573952	1462225
2017	1918231	604719	501234	601231	612144	601237	812384	541924	712414	571654	1112454
2018	2013455	571823	471238	591230	591238	521484	791474	501238	670148	581427	914785
2019	2108366	505650	464088	585189	565927	482980	778799	495262	655215	589356	853444
2020	2151006	549616	476172	598021	579838	456772	781384	536737	671235	605191	862930

表6-17　2005—2020年乌兰察布市各城区、旗县公共财政预算支出　（万元）

年份	集宁区	卓资县	化德县	商都县	兴和县	凉城县	察哈尔右翼前旗	察哈尔右翼中旗	察哈尔右翼后旗	四子王旗	丰镇
2005	40184	28120	26625	32413	38346	37071	33097	27995	32294	39669	56067
2006	44095	30552	28326	36764	38788	38899	34666	31870	39175	44960	56932
2007	59104	42019	41305	49672	45388	53554	44569	42593	43221	59408	65177
2008	99972	59336	51604	53717	58444	67690	67502	62735	58486	79929	77682
2009	116790	66062	71285	95449	71975	81160	73574	83842	81991	97779	94980
2010	121983	95642	90795	108467	102766	99965	90470	95789	98816	132735	127002

续表

年份	集宁区	卓资县	化德县	商都县	兴和县	凉城县	察哈尔右翼前旗	察哈尔右翼中旗	察哈尔右翼后旗	四子王旗	丰镇
2011	238755	106744	107899	130873	145712	121453	129079	135204	118598	165405	154005
2012	332856	142584	128578	174849	215710	143383	173806	136947	150387	191788	181267
2013	274893	167481	148479	192037	197581	160725	191163	151410	157840	214888	227433
2014	317623	177404	178452	227731	253261	188012	221896	174204	183094	258198	242838
2015	405718	195103	188666	280599	256528	208949	233446	201000	198844	259436	253924
2016	360321	175860	159199	244428	275463	198318	213767	186108	189483	249473	268187
2017	318841	180096	173804	274843	246278	192513	232462	197216	202232	269121	274933
2018	346084	230066	216519	292818	275543	263727	229311	238160	219123	292947	292084
2019	551456	209591	189480	340122	274415	273774	275972	241362	222788	306301	276939
2020	432680	237264	219049	364104	296275	278953	298186	261187	260920	309287	298105

表6-18　2005—2020年乌兰察布市各城区、旗县人均可支配收入　（元）

年份	集宁区	卓资县	化德县	商都县	兴和县	凉城县	察哈尔右翼前旗	察哈尔右翼中旗	察哈尔右翼后旗	四子王旗	丰镇
2005	9438	5583	5810	4540	4008	5087	2433	3878	5231	4804	6822
2006	10487	6203	6456	5045	4453	5652	2703	4309	5812	5337	7580
2007	11652	6892	7173	5606	4948	6280	3003	4788	6458	5930	8422
2008	12947	7658	7970	6229	5498	6978	3337	5320	7176	6589	9358
2009	14386	8509	8856	6921	6109	7753	3708	5912	7973	7322	10397
2010	15884	9455	9840	7690	6787	8615	4120	6569	8859	8135	11553
2011	17760	10505	10934	8544	7542	9572	4578	7298	9843	9039	12836
2012	19734	11673	12149	9494	8380	10636	8904	8109	10937	10044	14263

续表

年份	集宁区	卓资县	化德县	商都县	兴和县	凉城县	察哈尔右翼前旗	察哈尔右翼中旗	察哈尔右翼后旗	四子王旗	丰镇
2013	21549	12993	13558	10586	9381	11875	9963	9011	12153	11160	15848
2014	23476	13728	14489	11559	10334	12994	10930	10071	13358	12172	16643
2015	25191	14796	15718	12598	11223	14266	12033	11019	14402	13011	17798
2016	27209	16030	17010	13645	12135	15422	13025	11920	15598	14090	19318
2017	29548	17430	18496	14841	13196	16764	14173	12973	16981	15323	20950
2018	31842	18927	20074	16167	14386	18265	15456	14148	18487	16706	22740
2019	34464	20684	21851	17898	15982	20182	17161	15750	20227	18344	24652
2020	34869	21231	22531	19000	16912	20861	18095	16520	20991	19264	25462

表6–19　2005—2020年乌兰察布市各城区、旗县中小学数量　　　　　（所）

年份	集宁区	卓资县	化德县	商都县	兴和县	凉城县	察哈尔右翼前旗	察哈尔右翼中旗	察哈尔右翼后旗	四子王旗	丰镇
2005	48	40	28	58	45	65	59	30	25	73	72
2006	51	37	21	47	44	61	60	29	23	56	67
2007	49	28	21	43	31	48	36	27	17	28	40
2008	51	27	17	43	32	30	31	27	17	28	38
2009	48	24	15	39	31	30	31	27	16	11	33
2010	48	24	15	38	33	27	30	27	16	11	30
2011	46	24	15	37	33	26	26	27	16	24	30
2012	46	23	16	30	34	24	28	21	16	18	31
2013	44	23	16	26	32	24	24	21	16	16	26
2014	42	23	16	27	30	24	24	17	13	14	26

续表

年份	集宁区	卓资县	化德县	商都县	兴和县	凉城县	察哈尔右翼前旗	察哈尔右翼中旗	察哈尔右翼后旗	四子王旗	丰镇
2015	44	24	14	26	27	21	24	14	12	13	25
2016	44	23	15	24	26	20	25	15	13	14	22
2017	50	26	16	19	20	16	13	20	13	12	28
2018	49	22	16	18	19	16	15	20	12	12	27
2019	46	22	16	17	19	16	15	19	12	13	26
2020	58	18	13	17	20	18	15	19	12	13	26

表6-20　2005—2020年乌兰察布市各城区、旗县医疗卫生机构技术人员数　　　　（人）

年份	集宁区	卓资县	化德县	商都县	兴和县	凉城县	察哈尔右翼前旗	察哈尔右翼中旗	察哈尔右翼后旗	四子王旗	丰镇
2005	2671	249	299	543	483	318	448	289	361	396	541
2006	2678	258	301	539	476	310	447	290	360	395	534
2007	2897	316	340	488	424	312	409	292	358	480	562
2008	2887	312	348	492	436	347	410	299	377	460	562
2009	2633	284	341	474	360	279	265	234	318	372	558
2010	2737	330	429	490	435	368	299	265	336	458	662
2011	2740	330	429	489	430	378	301	268	338	468	662
2012	3394	333	386	474	498	388	415	258	472	508	729
2013	3396	337	392	476	501	392	419	261	474	512	724
2014	3632	345	443	479	471	462	461	297	486	667	796
2015	3648	356	445	481	478	465	458	268	443	672	702
2016	3864	363	459	793	499	451	444	271	424	722	715

续表

年份	集宁区	卓资县	化德县	商都县	兴和县	凉城县	察哈尔右翼前旗	察哈尔右翼中旗	察哈尔右翼后旗	四子王旗	丰镇
2017	3900	474	707	642	706	259	768	396	605	760	600
2018	3194	470	707	640	1031	258	747	413	621	714	907
2019	3293	483	623	645	1031	255	759	452	621	850	735
2020	4925	432	578	1063	1035	584	519	480	585	929	994

由表6-11至表6-20可知，鄂尔多斯市和乌兰察布市的经济现状存在一定联系，具体如下。第一，两市内部各行政区经济发展水平和城乡公共服务均等化程度较高，其城乡界限相对模糊。第二，两市的经济总量存在较大差距，鄂尔多斯市除康巴什外，其他地区国内生产总值均超过七位数，相比之下乌兰察布市仅集宁区达到七位数。

两市较高的均等化水平是推进人口就近城镇化的良好条件，但相比之下，鄂尔多斯市较高的经济总量使城乡基础设施建设速度加快，其大力推进的"城市扩容"也促使东胜、康巴什城市面积不断加大。2021年11月30日，鄂尔多斯市伊金霍洛旗国家级新型城镇化标准化试点项目通过现场考核评估，这是对当地社区服务工作以民生为出发点、全面推进社区治理体系和治理能力现代化的肯定。乌兰察布市受限于资源禀赋与产业结构，其经济发展水平较低，人口流失现象严重，四子王旗是内蒙古边境地区人口流失问题最为严重的旗县之一。旗县区的产业集中程度同公共服务均等化共同制约人口就近城镇化的推进，低水平的市民化生活已经无法满足人民的期望，乌兰察布市超过30%的流动人口流向呼和浩特市追求更高的生活水平。缺乏强镇的特点使山东省小城镇人口就近城镇化模式具有一定借鉴意义，将有限的资源投入农村新型社区建设，将相邻农村整合为统一社区就地实现准市民化生活是乌兰察布市人口就近城镇化的可选路径之一。

其次，针对上述影响呼包鄂乌旗县地区就近城镇化水平的分析及在此基础上进行的异质性分析（见第五章），还可以从以下几个方面出发来促进其就近城镇化进程。

第一，减轻资金瓶颈的限制。农业转移人口的就近城镇化需要财政资金支持，"以人为本"的城镇化需要不断完善基本公共服务。缺乏资金投入、公共服务不到位必然会降低该地对农业转移人口的吸引力。各县级及以下村镇规划不合理，公共服务基础薄弱，医疗、交通、教育等公共资源配套不完整给当地人民带来了很大不便，不利于农业转移人口就近城镇化。因此，如何集资、弥补就近城镇化进程中的缺口，完善各项社会保障和公共福利制度以及加大对本地基础设施建设的资金投入力度，是当前面临的重要问题。

第二，加大对农业转移人口职业技能的培训力度。农业转移人口由于自身素质不高，缺乏职业技能培训，使其在城市人才市场竞争中处于不利地位。该群体的低就业率会对城镇化的推进产生阻碍。有效的农业转移人口职业技能培训体系的缺失及宣传力度不足都不利于城镇化的推进。可通过开展技能培训，逐步提升其就业择业能力，提升创收能力，增强其就业稳定性的方式来推动就近城镇化进程。此外，对不同的群体要开展专业工种技能培训，将理论培训与技能培训相结合，提升农业转移人口的综合素质。

第三，大多数农业转移人口选择就近转为城镇居民时，会将是否能在本地寻得更好的工作机会作为一个重要的参考因素。故除了对个人进行培训外，实现就近城镇化需要加快服务业发展，吸纳农业转移人口实现本地就业，加快第二、第三产业发展速度，为农业转移人口创造更多、更优质的就业岗位。还可以加大对农业转移人口创业的支持力度，帮助其实现创业增收。

在对上述路径进行选择时，不同地区侧重点不同，选择不同的路径，将更有利地推动本地区就近城镇化的发展进程。

四 小结

　　首先，人口就近（就地）城镇化可以简单描述为通过农村经济发展缩小城乡差距，使农村人口在不经历大规模空间转移的前提下实现市民化的过程。根据人口迁移理论，来自经济欠发达地区的"推力"和经济发达地区的"拉力"共同决定了人口迁移，迁入地由于具有吸引人口迁移的条件而具有"拉力"，而迁出地则有不利于人口生活的条件而具有"推力"，"拉力"与"推力"分别为人口生活的优势与劣势。

　　其次，本章总结了国内外各城市群人口就近城镇化的路径模式。美国以小城镇为载体，以围绕大型城市建设卫星城为主要方式，通过大城市的辐射效应与郊区、农村就地城镇化改造实现农业转移人口的就地市民化。法国借助超过130个具有特色文化的小镇，实现特色产业集聚，扩大内需实现人口就地城镇化。德国将超过80%的科研院所、企业安置于城镇，通过缩小城乡经济差距与推进城乡公共服务均等化使德国总人口的85%居住在小城镇。北京市的农业集成商模式将乡村经济组织和大型企业按照政府主体、市场主导的原则，统一规划农业生产全过程，是"村企合建"的典型范例。浙江省海盐县在人口就近城镇化过程当中，大力推行行政管理权限、要素保障机制、财政管理体制等多方面改革，实现农业转移人口就地非农就业与市民化，实现居民社会养老保险、医疗保险城乡全覆盖，真正实现了"人"的城镇化。海南省澄迈县的特色产业带动就地城镇化模式则十分特殊，澄迈县借助当地特色产品福山咖啡，形成了极具特色的咖啡旅游业。澄迈县与海盐县在经济发展过程中，十分重视保护生态环境，始终坚持生态立县。江苏省的苏南模式是中国就地城镇化探索历史的一个缩影，从农民自发组织乡镇企业实现非农发展的"传统苏南模式",到借助外资、明晰产权、布局合理、生态环保的"新苏南模式",无一不是中国人自力更生、艰苦探索的结果。山东省小城镇就地城镇化模式是缺乏强镇地区的最好案例,山东省政府给予政策选定的100个镇土地、金融、资金等多方面的支持,按照城市改造农村,保证城乡公共服务均等化,将若干村落整合为统一的农村新型社区,农村新型社区是中国人口就地城镇化路径探索的重要成果。

此外,江苏省、浙江省、四川省等地探索出的工业向集聚区集中、农民向集中居住区集中、土地向适度规模经营集中的"三个集中"模式。让有意愿去城市生活但无法负担商品房价格的农民实现梦想的土地承包经营权置换城市社会保障和以宅基地使用权置换城镇住房的"双置换"模式。河南省"既不离土也不离乡"的就近城镇化模式积极建设农村新型社区,实现土地集约化利用和农业转移人口的就地生产生活方式转变。重庆市"复垦、流转"农村闲置宅基地的处置模式全面考虑到了复垦主体的土地权利保障,即加强了土地管理又尊重农村建设发展。根据对国内外其他城市群人口就近城镇化的路径选择分析,现将人口就近城镇化路径选择要点整理如下。第一,以小城镇为载体、以产业发展吸引劳动力就业为"拉力"实现人口集聚。第二,注重小城镇的当地特色,充分利用特色文化、特色产品促使产业发展,提高城镇影响力。第三,推进城乡公共服务均等化,缩小城乡差距。第四,强调"人"的城镇化,提升城镇化质量,提高农村人民生活水平。第五,走绿色低碳的城镇化道路,坚持可持续发展。

最后,本章在借鉴国内外其他城市群人口就近城镇化路径模式的基础上,充分结合呼包鄂乌城市群经济发展水平、公共服务水平和政府财政支出力度,为呼包鄂乌人口就近城镇化的路径选择提供建议。第一,针对呼包鄂乌城市群城区经济发展水平远高于旗县区,导致人口迁移的

"拉力"与"推力"太大这一实际问题，应借鉴北京市的农业集成商模式和苏南模式走"村企合建"的发展路线，鼓励大型企业投资乡镇经济组织。第二，呼包鄂乌城市群城乡公共服务差距较大，一是在城乡公共服务设施建设方面可以借鉴德国模式，将重点高中、大学、医疗机构、大型企业布局在旗县地区，实现小城镇人口集聚并减少城区服务压力；二是在公共服务体制方面，借鉴浙江省海盐模式推行行政管理权限、要素保障机制、财政管理体制等多方面改革，例如农村集体资产股份制改革，实现居民社会养老保险、医疗保险城乡全覆盖，逐步优化城乡资源配置促进教育、医疗事业的均衡发展，建立完善的农村宅基地管理体制，积极创新金融服务等。第三，在全域工业发达的包头市，美国模式与海南澄迈模式具有借鉴意义，发达的工业能力是郊区、农业就地城镇化改造的物质保障，全域工业发达的特点可以促使工业产品创新，建设科技创新园等产业，走内蒙古的"澄迈模式"。第四，在缺乏强镇的乌兰察布市，政府应当主导建设农村新型社区，将若干村落整合为统一居住点，提高农民生活水平，推进城乡公共服务均等化。

第七章　呼包鄂乌城市群就近城镇化的措施

在国内外经济形势发生转变之际，城镇化的快速发展逐渐成为促进中国经济平稳运行的内在动力。城镇化的转型发展方式主要以中心城区为导向，引领其他中小城市的发展，逐步形成了大中小城市协调发展的新型城镇化道路。[①] 就近城镇化作为城镇化发展方式转变的重要实现路径，引起了学术界的广泛关注。就地就近城镇化作为未来城镇化发展的趋势所在，融合了产业发展、社会保障等基本公共服务，统筹推进城市与农村的紧密结合，助推中国城乡一体化建设的发展进程。然而，各地区城镇化发展现状不一，只有通过对具体地区深入实践探讨，发现城镇化发展过程中存在的问题并提出相应措施，才能更有效地促进就近城镇化发展。[②]

通过本书的研究发现，呼包鄂乌城市群地理位置特殊，各市之间因区位优势、地形地貌等因素导致人口分布状况以及经济发展程度存在差异。总体而言，呼包鄂乌城市群人口城镇化率稳步提升且近十年领先于内蒙古地区平均水平，常住人口变化程度微弱，但是各市城镇化发展程

---

① 郑子青：《就近城镇化应成为推进新型城镇化的重要方向》，《人民论坛》2021年第9期。
② 左雯：《河南省就近城镇化的模式选择及对策研究》，《决策探索》2019年第11期。

度出现极不均衡的现象，除鄂尔多斯市以外，其余三市就近城镇化水平具有不同程度的下降。呼和浩特市城乡经济发展水平存在较大差距，城乡公共财政预算支出差距不断缩小，但乡镇地区缺乏集聚效应致使政府财政支出作用减弱，公共服务均等化水平低，鄂尔多斯市和乌兰察布市各行政区经济发展水平、城乡公共服务均等化程度较高，城乡界限相对模糊。随着经济的发展和城市的扩容，呼包鄂乌各地区人口内部迁移以及人口流出现象也较为严重，人口迁出率的波动程度基本一致，再加上产业发展的不平衡导致其对农村劳动力的吸纳能力有明显的差别。呼包鄂乌各旗县地区经济发展处于较低水平，对于就近城镇化的发展并未起到明显的促进作用。从呼包鄂乌各旗县地区的教育、医疗等公共服务发展情况来看，完善的社会保障体系有利于吸引潜在农村剩余劳动力，为就近城镇化的进步积累劳动力优势。因此，社会保障服务水平成为制约就近城镇化发展水平提升的重要因素，社会保障体系的逐步完善以及服务能力的稳步提升有利于推动人口就近城镇化进程。呼包鄂乌地区城镇化率的不断提高抑制了就近城镇化的发展，导致农村人口向大城市聚集，中小城市发展不足等问题。

小城镇作为发展就近城镇化的关键，一方面促进城乡联系，另一方面也是保障大中城市稳固发展的重要基础。从呼包鄂乌人口集聚和流动状况角度分析，城镇化的不断发展促进了农村人口的大量迁移，致使一些农村人口大幅减少，小城镇人口空心化问题逐渐凸显，并且小城镇空心化所造成的影响涉及居民消费、产业发展等多方面。从呼包鄂乌各旗县地区就近城镇化发展水平来看，呼包鄂乌城市群就近城镇化水平差异明显，并且影响因素的效果各不相同。就近城镇化的发展过程是集经济、社会等多方面因素于一体的，是持久的、动态的。不同因素对不同地区就近城镇化水平产生的影响不同，具体而言，经济总量的提升与就近城镇化进程的加快有密切联系；社会基础公共服务设施的完善以及对外开放程度等促进就近城镇化水平的不断提升。综合分析，在就近城镇化过程中，既包括产业发展等在内的经济因素，也包括教育、医疗等在内的公共服务因素以及贸易、就业等因素对呼包鄂乌地区就近城镇化产生的影响。从呼包鄂乌城市群就近城镇化的路径选择来看应当以小城镇为出发点，注重小城镇特色。

除了上述分析的呼包鄂乌地区在就近城镇化发展过程中存在的问题，一些其他方面的问题也逐渐凸显。一是支柱产业发展薄弱。产业发展作为影响就近城镇化发展进程的关键因素，对推动地区就近城镇化发展水平的提升方面起到至关重要的作用。鉴于目前呼包鄂乌城市群就近城镇化水平有待进一步提升，并且缺乏主要的产业支撑，推动产城融合发展成为核心内容。从呼包鄂乌地区的产业结构来看，重点发展制造业、能源以及劳动密集型产业，一些旗县地区特色产业发展规模小、发展进度缓慢，难以形成自身发展的优势产业。以呼包鄂三市为例，农业生产方式以及产品同质化问题严重，缺乏特色产业，难以吸引劳动力就业。同时，由于呼包鄂地区的产业发展属于高碳产业，产业布局以及产业结构的不合理导致缺乏强有力的产业支撑，因此难以形成劳动力集聚优势。

二是难以跳脱传统思想。按照传统固有思想认为，农村劳动力为了追求更好的物质生活以及工作环境，选择在大城市就业，但是这一人口迁移过程需要较长的时间过渡，并且对农村和城市产生了很多不利的影响。对于农民而言，因生活方式以及价值观念的不同，并且受到劳动技能水平低下、受教育程度不高等主观影响，使他们难以很好地融入城市生活。农村劳动力的迁移致使农村人口结构失衡，大部分年轻人选择进城务工，致使农村人口年龄结构发生改变。此外，城市人口的过度集聚产生一系列负面影响，大大降低了城镇居民的生活满意度，不利于城市的健康发展。

三是土地制度和户籍制度不完善。就近城镇化的核心是让农民离开农业生活向就近城市居民转变的过程。由于城乡二元结构的存在阻碍了就近城镇化的发展，具体表现为户籍制度的不统一，农村人口在城市"落户难"等问题严重，使农民虽然拥有名义上的市民身份却无法享受应有的与城镇居民同等的权利保障。此外，农民就近城镇化的意识不强、主动性不强，制约着城乡劳动力相互融合的过程，就近城镇化发展受阻。另外，中国的社会保障服务基本是与户籍制度相关的，因户籍不同而导致其所享有的权利和保障存在较大差异。土地作为就近城镇化的基本载体，就近城镇化的发展离不开土地的保障。土地制度存在的问题主要表现在以下几方面：首先，产权不明晰。农村土地使用权受到限制，再加上土地流转过程中制度不清导致产权纠纷问题层出不穷，造成土地浪费。其次，制度不合理。提升城镇化水平势必会对土地进行扩张，而农村土地所有权没有明确的界定导致征地赔偿不合理。最后，土地流转机制不完善。土地流转作为农民实现农业现代化的重要方式和手段，由于缺乏政府资金的支持，大多数人的补偿机制不明确，无法得到相应的保障。

四是缺乏合理的科学规划。合理而有序地推动就近城镇化的发展需要在政府正确的引导下进行科学规划。在中国城镇化发展过程中，盲目地发展而忽略计划的重要性，导致资源浪费严重，再加上政府推动城镇化过程方式单一，为了发展而发展，摒弃了"以人为本"的发展理念，地区产业发展不考虑农民就近城镇化意愿，因此在规划制定上很难实现科学性和合理性。城镇化的发展脱离当地具体实际情况，与各旗县地区产业发展步调不一，甚至缺乏与整体相配套的具体的城镇化规划。盲目推进就近城镇化进程发展导致生态环境遭到破坏、自然资源浪费严重，缺乏创新性规划理念使就近城镇化发展偏离了最初目的。再加上，不同旗县地区经济发展水平不一，特别是医疗卫生等公共基础设施薄弱，难以满足农民的基本需求,致使原本有就近城镇化意愿的农民选择异地城镇化。

基于上述呼包鄂乌城市群在就近城镇化发展过程中存在的诸多问题,本书提出如下对策建议。

一 强化产业就业支撑

产业的良好发展是实现就近城镇化的重要途径。以呼包鄂三市为例,加大服务行业的发展,把乳品行业、能源、钢铁、稀土、煤炭、羊绒、电力等优势产业做大做强,增强核心竞争实力,逐渐发展成为能够体现自身优势并且是中国重要的能源基地。为此,需要凝聚呼包鄂各自的资源优势,注入新的发展理念,根据政策导向调整其他领域的资源利用,确保在政府的合理布局下顺应各地区特色产业的发展。充分发挥好产业发展所带来的产业集聚效应,将与特色产业相关的各个环节结合起来,形成专有的产业链,不断推动优势产业的发展进程。一方面需要考虑当地的区位特点、经济状况以及外部环境等因素,对自身的优势产业有清晰的认知,能够合理利用资源禀赋,挖掘出当地潜在的产业优势,避免资源的浪费,因地制宜地发展优势特色产业。并且,各地区应提前做好规范化的产业发展计划,避免出现不同地区产业的同质化发展等问题。合理的产业布局能够有效避免资源的浪费,优化第一、第二产业,着重发展第三产业,挖掘特色产业,强化主导产业,准确结合各地区的资源优势,以主导产业为核心,围绕主导产业拓展产业链,强化支柱产业,提升产业发展水平。另一方面需要打破传统的产业发展固有模式,树立新发展理念,适当地推动各旗县地区产业优化升级。产业发展与城镇化水平的提升相辅相成,因此,实现产城的有效融合能够有力地推动就近城镇化发展进程。通过产业结构的合理化调整，推动中国城乡一体化协调发展，从而促进呼包鄂乌城市群就近城镇化水平的提升。当前中国产业发展以及城乡二元结构的变化为城镇化的发展增添新动力，因此必须把产业支撑放在实现就近城镇化的核心位置，抓住机遇，迎接挑战，探索出一条独具自身地区特色的新发展路子。

产业发展所带来的人口集聚效应以及产业集群效应，为农村转移人口提供了选择就近城镇化的基本条件，奠定了就近城镇化发展的扎实基础。由产业发展带动地区经济繁荣，丰富城镇功能，并为城镇化的发展提供更广阔的空间。产业的发展同时释放出更多的就业岗位，为选择就近城镇化的农村劳动力提供了充分的就业保障。就近城镇化进程的推动需要产业支撑，农村转移人口的市民化需要充分的就业保障，将支柱产业的发展作为吸引劳动力的优势之一。保障充分就业是实现城镇化的核心内容，然而对于知识水平与劳动技能水平不高的农民，并不具备核心的就业竞争力，因此，如何解决当下农村转移人口面临的就业保障问题是实现就近城镇化发展的关键所在。首先，在产业发展促进城镇繁荣的思想基础上，确定龙头支柱产业，充分发挥龙头产业的带动辐射作用，通过产业集聚效应使人口和资源向中心城区集聚，协调推动周边各旗县地区经济发展水平的提升。其次，结合地缘优势和资源禀赋情况，在中心城区引进支撑产业，以确保该地区的优势产业能够做大做强，进而促进劳动人口流动，为实现充分的就业保障奠定基础。再次，政府倾向性的政策推动也十分重要，正确的政府政策导向促使农村转移人口选择政策支持的重点项目就业。一方面为政府的重点支持项目的发展积累充分的劳动力优势，另一方面也能满足农村转移人口的就近城镇化的意愿，为农村劳动力提供良好的就业保障，从而吸引农村劳动人口选择就近城镇就业。最后，针对农村转移人口在就业中可能遇到的就业歧视问题要确保公平与公正，能够让农民职工自主选择就业,为农村劳动力创造良好的就业创业环境,企业要尽力缩小城乡之间因不同身份导致的工资差距、待遇差距等问题。良好宽松的市场环境需要健全的劳动力市场和竞争有序的市场体系。通过上述的分析,发展支柱产业为农民创造更大的就业空间,能够推动农村人口就近城镇化的进程。

二 合理配置公共服务资源

在促进就近城镇化进程发展进步的过程中,公共服务资源的有效分配体现出至关重要的作用。[①] 一方面,公共基础设施建设是保障就近城镇化水平提升的基本前提。教育、医疗卫生等基本公共服务,为农民提供了基本社会保障,有力带动农村人口向城市转移。另一方面,公共服务功能的强化以及公共服务水平的提高,能够确保城乡居民基本公共服务全面覆盖。完善的交通、通信等在内的基础网络体系,增强了农民就近城镇化的吸引力。

(一)完善基础设施建设,提高综合竞争力

呼包鄂乌城市群地处内陆,地理位置特殊,基本公共服务体系的不完善无法满足当代社会居民日益增长的对美好生活的追求,并且社会保障体系的完善也是影响农民就近城镇化意愿的重要因素。因此,大力强化公共服务职能、完善社会保障制度、确保农村人口能够获得基本社会保障并且达到城镇标准水平至关重要。首先,加强中心城镇的基础设施建设,以中心城镇作为示范先区发挥中心城市区的带头辐射作用,并且考虑到不同旗县地区经济发展水平不一,因此对各旗县

---

① 马海韵、李梦楠:《人口就地就近城镇化:理论述评与实践进路》,《江海学刊》2018年第6期。

地区建设要因地制宜,以期实现提升整体综合服务能力的目标;其次,从教育、医疗卫生、社会福利、就业等方面作为突破口,努力提升呼包鄂乌城市群的基本公共服务水平,营造适宜的生活环境;最后,依托大数据、互联网等现代数字经济方式,统筹推进教育、交通、医疗等智慧化管理,通过一体式的网络智能化体系深入推进就近城镇化建设。具体体现在,构造大数据共享网络,使各旗县地区拥有完善的网络设施建设,确保资源共享,以技术手段推动城乡公共资源一体化,实现城乡协调发展。

(二)建设多元化融资机制

政府应加强对城镇化建设的资金支持,成立专门用于城镇化建设的专项基金,通过建立以城镇化建设为主体的投融资公司,鼓励吸收来自民间的资本投入城镇化建设项目,从而能缓解政府部门的财政压力。要促进融资方式多元化,加强与企业间的合作,合理分配政府和企业的所得利益,这种融入民营企业资金支持的方式能够缓解财政部门的资金压力,并且通过多方合作的方式能够使全社会参与城镇化建设过程,保障就近城镇化建设的持续融资,为加快就近城镇化发展进度提供长期稳定的资金支持。从现代的专业化原则出发,公平规范的投融资平台能够吸引更多资金注入就近城镇化发展项目,发挥政策性金融工具筹集社会资金的作用,带动民间闲散资本对城镇化建设的资金支持。要利用区位优势展开跨地区合作,吸引其他旗县地区为呼包鄂乌城市群就近城镇化发展注入资金动力,并且建立公平公正的投融资机制,为城镇化建设争取多渠道的融资,鼓励与商业银行展开合作,开发适用于就近城镇化发展模式的新型金融产品,推动就近城镇化健康发展。

(三) 资源均衡利用，吸引农民就近城镇化

中国正处于农业转型的关键时期，农业的发展融入了很多现代理念以及先进的科学技术手段，因此需要劳动力素质水平高、劳动技能成熟的新型化农民的参与。传统观念认为农民是一种文化素质低、收入水平低的群体象征，许多青壮年农村劳动力转而去大中城市发展，这直接导致农村人口年龄结构失衡。因此，从根本出发，均衡培训资源，吸引更多优秀人才，对农民开展职业技能培训，由专业人士指导新型农业技术手段的运用，培养新一代适应农业现代化发展的职业化农民，逐步提高农民的职业化水平以及科学文化水平。另外，制度的安排对新型农民的培育同等重要。政府通过建立培训基地、投入基础设施以及政府专项补贴等措施加大对新型农民培育的扶持力度，制定一套完整的适合农民的"新型农民培育制度体系"，有效开展培训活动，综合考量不同类型农民的特点，做到因人而异。政府的福利补贴要实现从农业生产向农民的倾斜，切实保障农民的权益。培育新型职业化农民是当前发展现代化农业的趋势所需，更好地体现"以人为本"的理念。

三 小城镇"空心化"问题化解对策

加快小城镇建设是推动呼包鄂乌城市群就近城镇化发展的实然要求，也是促进就近城镇化发展水平进一步提升的必经之路。[1] 小城镇连接着城市与农村，是就近城镇化发展的核心所在，有着无限的发展空间。因此，推动呼包鄂乌城市群就近城镇化的发展必须重视小城镇的发

---

[1] 赵慈、刘小丽、耿海清等：《中西部人口就近城镇化政策环境评价及对策建议》，《环境影响评价》2018 年第 2 期。

展。综观呼包鄂乌地区人口集聚以及人口流动状况，部分旗县地区年末户籍人口减少，城市群内部人口迁出率逐渐上涨，呼包鄂乌周围地区人口流失严重。其中，大量年轻人外出务工，留在小城镇居住的多为老年群体、妇女以及儿童，导致小城镇人口结构失衡。小城镇"空心化"问题严重，制约小城镇的健康发展，同时对推进就近城镇化进程造成负面影响。[①] 因此，提升呼包鄂乌城市群就近城镇化水平必须首要解决小城镇面临的"空心化"问题。

（一）转变建设理念

就近城镇化的核心内容是让农民放弃农业生活向就近城市转移、成为城市居民的过程，具体体现在生活方式、就业选择、价值理念等多方面。由于小城镇与大中城市相比存在劣势，无法提供农村劳动人口转移的基本条件。因此，要想转变这种传统的小城镇建设理念，促使小城镇的健康发展需要从以下几点入手。首先，树立"以人为本"的新发展理念，坚持从为百姓谋福利的基本出发，实现人的城镇化。小城镇吸纳劳动力弱的根本原因在于缺乏保障就业者的实际福利制度，无法调动农村转移人口迁往小城镇就业的积极性。因此，提高收入水平并且创造更多的就业岗位是吸引农村转移人口的前提条件。其次，面对小城镇发展过程中存在的与经济发展进度不匹配等问题，应当树立全局意识，不能盲目地对小城镇土地建设大改大造，不仅造成土地资源的浪费，而且并未顺应现实需求。推进就近城镇化发展进程不能过于片面而忽视了小城镇与就近城镇化之间的协调关系，要将小城镇建设视作一项具有全局性、系统性、协调性的工作。

---

① 杨云善：《河南就近城镇化中的小城镇"空心化"风险及其化解》，《中州学刊》2017年第1期。

（二）完善体制创新

中国城乡二元结构以及户籍制度的存在，使农村劳动力虽然向城市转移，却无法享有与城市市民同等的权利保障，导致农村劳动力选择就近城镇化的意愿不强烈，阻碍了就近城镇化进程的有序推进。因此，必须建立完善的体制机制，努力破除城乡壁垒，合理分配资源，确保在城市定居的农民能够获得相应的社会福利保障。完善体制创新的核心内容在于解决好农民的土地权益分配问题，逐步建立健全的土地流转机制和补偿机制，最大化地满足农民的切实需求。要明晰政府管理部门的职责，优化政府管理体系，将政策实权下放到具体的城镇，避免中间环节，通过政府职能直接管理小城镇建设项目的全过程。在推进小城镇建设的过程中，需要建立完备的服务体系，将城市建设与统筹管理相结合，强化政府在城镇规划中的主导作用，严格按照城市管理执行程序推进小城镇发展，破解城镇化建设过程中的难题。除此之外，市场机制的完善能够为城市群就近城镇化发展增添后劲，确保就近城镇化建设长期而稳定地发展。

（三）加大财税支持

就近城镇化过程是人口和资源集聚的过程，因此，就近城镇化进程的推进需要大量资金的支持，仅仅依靠政府公共财政资金的支持是远远不足以满足发展的需要的。为了能够加快就近城镇化建设进程，必须加大财政的倾斜，鼓励地方资金与政府资金等多渠道资金参与就近城镇化建设，加快完善财税体制创新，进一步深化税制改革，为就近城镇化的持续发展真正建立起多元化的资金保障机制。为了更好应对小城镇面临的"空心化"风险，需要政府财政资金的支持，而政府聚焦的重点应当在财政转移支付、财税体制创新等方面。对财税体制的改革创新有助于就近城镇化金融体制创新的健康发展，更有助于形成良好的发展环境。具体表现为，基本公共服务设施均等化，保障公共服务的均衡供给；财政转移支付制度应因地因时制宜，合理规划各旗县地区政府用于教育、医疗、交通等公共服务的资金。各地区发展模式不同，因此不能一味地盲目照搬，找到适合自身发展的投融资方式才能更精准地为小城镇建设提供资金支持，解决小城镇"空心化"问题。

四 独具特色的新型城镇化道路

内蒙古地区新型城镇化所实现的目标是培育和壮大呼包鄂乌城市群规模，促进呼和浩特市发挥首府引领作用以及综合实力的不断提升；赤峰等城市中心城区的辐射带动作用，引领其他小城镇的持续发展。以呼包鄂乌城市群为支点，不断创新驱动，打造自治区示范区，引领中西部地区城市群的发展。

以赤峰市宁城县、满洲里市两地被列入县城新型城镇化建设示范名单为例，具体分析内蒙古地区新型城镇化道路建设。县城作为地区发展的经济、政治、文化中心，加快县城建设不仅要注重提升整体城市建设水平，而且要重点解决城市建设突出的短板问题，如楼房改造、城区排涝等问题，从源头改善城区基础设施建设现状。在加快推进新型城镇化建设过程中，要着重体现为百姓服务的理念，将提高居民生活水平和改善居民的生活环境作为重点目标，最大程度地满足居民的切实需求。发展与治理并重，搞好城市绿化建设，打造生态宜居的示范城市，全面提升城市生活品质。满洲里市的城市定位全面体现了以人为本的理念，将城市居民遇到的疑难问题落到实处，精准化治理，促进基础设施水平的提升，保障公共服务的全面覆盖。满洲里市追求精细独特的城市化形象，实施"绿净亮美特"工程，彰显出满洲里市"生态优先，绿色发展"的理念。目前满洲里市的城市体系建设已初步取得成效，打造了独特的城市文明和城市内涵。

五 其他对策建议

（一）深化制度改革，保障农民利益

推动就近城镇化的建设需要从根本上解决制度方面存在的问题，当前中国城乡二元结构和户籍制度的存在，成为阻碍城乡一体化建设的重点突出问题，导致农村转移人口因担心无法获得与城市市民同等的福利保障而使其选择就近城镇化意愿受到影响。完善城镇化制度建设需要从多角度考虑，结合各旗县地区实际经济发展水平，因地因时制宜，采取差异化的政策，做到精准分析、精确治理。首先，要想破解城乡二元结构难题，应当积极推进人口落户政策，确保农村转移人口同样得到教育、医疗等的公共服务保障，满足农村转移人口选择就近城镇化路径的意愿，抵消农民的顾虑。如果能够有效处理农民的问题，给予农民平等的权利，就能为实现农民市民化创造有利条件。户籍制度的根本并非城乡居民身份的差别，更重要的是体现在制度体系下的教育、医疗等公共服务设施问题。因此，虽然一些地区城镇化率水平高，但并未解决农民最主要且最实际的社会保障问题。其次，针对当前社会保障制度存在城乡体系不一的问题，应加快制度体系改革创新，确保城乡居民在社会福利、社会保障等方面的公共服务资源均等化。最后，解决土地流转过程中产生的各种矛盾纠纷，使农民的权利得到法律保护，避免资源的过度浪费。

（二）摒弃传统观念，跳脱固化思维

传统的思想观念成为制约农民向大中城市转移的影响因素之一。城市与农村截然不同的生活方式和生活习惯降低了农民向城市转移的意愿的可能性。因此，在促进就近城镇化进程中，考虑到城乡居民的价值观念存在差异，应当以培训、开导的方式，鼓励农民接受市民化、职业化理念，让农村转移人口明确选择就近城镇化发展模式的益处，从而打破传统观念的束缚，跳脱出传统固有思维，接受农业农民现代化理念。另外，由于农民的文化水平较低，并不具备符合现代工业化建设所需的高技能劳动水平的要求，因此也成为制约农民向就近小城镇迁移的关键因素之一。因此，需要将培训资源向农民倾斜，提高农民自主学习现代化科技手段的意识，帮其提升劳动技能水平，使其能够在劳动力市场中掌握就业的竞争实力，积极地融入城市的生活环境和就业环境。总之，促进就近城镇化水平的提升需要从根本上鼓励农民转变观念，逐步引导农民积极融入就近城镇化进程，对于新型农民的培育需要结合政府与社会各方力量。保障农民在向市民化转变过程中接受良好的培训教育，从整体提升农民的市民化意识。此外，对于已经转入城镇的农村转移人口，由于存在适应时间长、适应难度大等问题，因此，需要逐步引导农村转移人口与现代化的生活方式、生活理念相适应，加强新型农民的培育，帮其树立起现代化的新型的竞争与合作意识，提升自主创新能力，全面增强创新意识，争取在城市化环境中发挥优势，以期适应现代化城市建设的需要，进而促进就近城镇化的健康发展。

（三）可持续发展为核心，重视生态文明

无论城镇化发展模式如何选择，始终把保护生态环境、重视生态文明放在首要位置。就近城镇化建设的健康发展就要始终贯彻可持续发展理念，努力协调经济发展与保护环境相一致，守住生态保护的红线，探索出一条绿色优先、低碳节能的就近城镇化道路。首先，要充分发挥各旗县地区的自然资源优势，打造绿色产业链，既可以改善生态环境，又

能够促进地区产业发展，有效发挥以生态文明带动产业发展的作用。保护生态环境能够为发展就近城镇化提供良好的外部环境，低碳节能的生活方式以及绿色环保的生态空间能够调动农民向城市转移的积极性，促进就近城镇化进程的加快。合理利用交通资源，积极提倡绿色环保的出行方式，发展绿色交通，为城市化发展打造地区特色，塑造良好的城市形象。其次，保护生态环境离不开健全的环境保护机制体系。当前中国越来越重视可持续发展的新发展理念，因此，就近城镇化的发展也应坚持环保优先的原则，完善环境保护机制，做到全方位、多角度的管理。一方面，加强对环境污染的监管力度有助于约束那些高能耗产业资源的过度使用，避免生态环境遭到严重破坏；另一方面，针对高能耗、高污染企业的惩罚措施应明确，工业污染物的排放对生态环境影响严重，明晰排污权能够减少企业纠纷，对企业来说能够提升保护环境的自觉性。还有对监管体制的完善既包括对环境污染的监察也包括对高能耗企业污染物排放的管控，可以实施动态化管理，以此促进生态文明发展与就近城镇化发展的协调推进。

（四）科学合理规划，全面统筹推进

呼包鄂乌城市群就近城镇化的有序发展需要制定合理的科学规划，不能盲目地、毫无秩序地发展，应做到结合各地区实际情况，因地制宜，从全局出发实现就近城镇化。尤其要重视基础设施建设的合理布局，充分发挥资源优势，对自身的区位优势有明确的定位，确保产业、商业与城镇化发展的协调融合。根据不同旗县地区的发展规模与发展速度制定科学配套的城镇化发展体系，针对核心城区的龙头产业以及对周围地区的辐射功能要做好统一的规划管理，最大可能地发挥中心城区的引领作用。同时，地方政府所承担的职责应是保证计划制订的全面性、具体性以及综合性，能将就近城镇化规划纳入国民经济整体运行计

划并加以实施。在大城市土地开发的过程中，要重视政府的宏观调控作用，实现土地开发的合理发展，为农村就业人口提供生活空间保障。此外，对于新城区的建设也要做好合理规划，合理布控城市发展各功能区，促进产业发展与城镇化发展进程的共同进步。新城区的建设能够带动地区产业发展，进而推动就近城镇化水平的提升，人口和资源的集聚实现了产业与城镇的良性互动，为农村转移人口选择就近城镇化奠定基础。科学合理的规划能够更好地应对外部环境产生的风险，更好地引导就近城镇化的发展方向、发展速度以及结构布局。

致　　谢

内蒙古地处我国北方地区，整体城镇化水平偏低，呼包鄂乌作为内蒙古城市群的代表，其人口发展水平将对城镇化水平提升和城市群发展起到促进作用。本书通过对呼包鄂乌城市群就近城镇化地区的人口规模、结构、质量的空间演化及影响因素等进行研究，探索城市群就近城镇化路径，以期为提高呼包鄂乌城市群就近城镇化水平提供对策和建议。

本书共七章，涵盖了对呼包鄂乌城市群就近城镇化现状、影响因素及路径选择的分析，对于提高上述地区的城镇化水平和城市群发展提供了重要的思路参考。具体分工如下。第一章：薛继亮 苏鉴；第二章：薛继亮 涂坤鹏；第三章：薛继亮 暴文博；第四章：薛继亮 杨羽佳；第五章：薛继亮 薄婧；第六章：薛继亮 张丰哲；第七章：薛继亮 杨晓霞。

需要说明的是，以上作者名单仅为每一章内容的主要贡献者，本书中大量引用国内外学者的文献，对此表示感谢，也对每一位认真参与撰写的作者予以感谢。本书受到国家自然基金地区基金项目"生育意愿到生育行为的微观传导机理和宏观政策响应研究"（71864024）、内蒙古自治区自然基金面上项目：二胎生育群体瞄准及生育激励策略研究

(2020MS07017)、国家社科基金"铸牢中华民族共同体意识研究专项"《铸牢中华民族共同体意识视域下北部边疆安全建设机制研究》(22VMZ013)、内蒙古社会科学基金项目重点项目：内蒙古边境人口治理研究（2022WZ04）等项目的资助。受到内蒙古自治区第十二批"草原英才"、2022年度高校青年科技人才发展计划（NJYT22096）、内蒙古自治区人才开发基金以及内蒙古自治区人口战略研究创新平台和内蒙古自治区人口战略研究智库联盟的支持。

本书出版之际，我们真诚感谢为本书编辑和出版提供援助的每一位参与者。同时，请各位读者不吝赐教指正，以供我们学习和修订。

参考文献

［德］阿尔弗·雷德韦伯:《工业区位论》,金刚剑、陈志人译,商务印书馆1997年版。

蔡洁、夏显力:《农业转移人口就近城镇化:个体响应与政策意蕴——基于陕西省2055个调查样本的实证分析》,《农业技术经济》2016年第10期。

曹家宁:《"一带一路"与新型城镇化双重背景下西部地区新生代农民工就近城镇化探讨》,《西部学刊》2019年第7期。

陈斌开、林毅夫:《发展战略、城市化与中国城乡收入差距》,《中国社会科学》2013年第4期。

陈明星、陆大道、张华:《中国城市化水平的综合测度及其动力因子分析》,《地理学报》2009年第4期。

陈明星、叶超、陆大道:《中国特色新型城镇化理论内涵的认知与建构》,《地理学报》2019年第4期。

崔曙平、赵青宇:《苏南就地城镇化模式的启示与思考》,《城市发展研究》2013年第10期。

崔许锋:《民族地区的人口城镇化与土地城镇化:非均衡性与空间异质性》,《中国人口·资源与环境》2014年第8期。

段成荣、杨舸、张斐等：《改革开放以来我国流动人口变动的九大趋势》，《人口研究》2008年第6期。

高永波、耿虹：《住房成本对武汉郊区农民工就近城镇化的影响》，《持续发展 理性规划——2017中国城市规划年会论文集（19）小城镇规划》，中国建筑工业出版社2017年版。

郭玲：《中国就近城镇化：基本内涵、存在问题与建设路径》，《改革与战略》2015年第11期。

韩秀丽、冯蛟、李鸣骥：《农业转移人口就近城镇化个体响应的影响因素》，《城市问题》2018年第8期。

韩愈：《社会质量对农业转移人口就近城镇化意愿的影响研究》，大连理工大学，硕士学位论文，2019年。

黄鹏进：《"半城半乡"与农民的就近城镇化模式》，《治理研究》2019年第5期。

李浩：《"24国集团"与"三个梯队"——关于中国城镇化国际比较研究的思考》，《城市规划》2013年第1期。

李健、杨传开、宁越敏：《新型城镇化背景下的就地城镇化发展机制与路径》，《学术月刊》2016年第7期。

李梦楠：《就地就近城镇化现状、问题及对策研究》，南京工业大学，硕士学位论文，2018年。

李强、陈振华、张莹：《就近城镇化与就地城镇化》，《广东社会科学》2015年第1期。

李强、陈振华、张莹：《就近城镇化模式研究》，《广东社会科学》2017年第4期。

李强：《主动城镇化与被动城镇化》，《西北师大学报》（社会科学版）2013年第6期。

李涛、任远：《城市户籍制度改革与流动人口社会融合》，《南方人口》

2011 年第 3 期。

廖永伦：《就地就近城镇化：新型城镇化的现实路径选择》，《贵州社会科学》2015 年第 11 期。

林伯强、刘希颖：《中国城市化阶段的碳排放：影响因素和减排策略》，《经济研究》2010 年第 8 期。

林芳兰：《就地城镇化是加快新型城镇化进程的重要选择——海南澄迈县就地城镇化的实践范例与启示》，《新东方》2016 年第 2 期。

刘传江、程建林：《第二代农民工市民化：现状分析与进程测度》，《人口研究》2008 年第 5 期。

刘磊：《海盐县就地城镇化实践研究》，《经济论坛》2014 年第 12 期。

刘易斯：《二元经济论》，北京经济学院出版社 1989 年版。

刘玉娟、王华华、张红阳：《就近城镇化中生产要素集聚的驱动力问题研究》，《经济问题》2022 年第 9 期。

卢小君：《社会质量视角下农业转移人口就近城镇化研究》，《山东行政学院学报》2022 年第 2 期。

陆铭、陈钊：《城市化、城市倾向的经济政策与城乡收入差距》，《经济研究》2004 年第 6 期。

罗茜、贺雪峰：《城郊农民就近城镇化的实践机制分析——基于南京市 H 镇的调研经验》，《湖北行政学院学报》2021 年第 5 期。

马海韵、李梦楠：《人口就地就近城镇化：理论述评与实践进路》，《江海学刊》2018 年第 6 期。

马庆斌：《就地城镇化值得研究与推广》，《宏观经济管理》2011 年第 11 期。

门丹、齐小兵：《回流农民工就近城镇化：比较优势与现实意义》，《经济学家》2017 年第 9 期。

潘丽华：《就地城镇化问题研究述评》，《内蒙古财经大学学报》2020 年第 3 期。

彭荣胜：《传统农区就地就近城镇化的农民意愿与路径选择研究》，《学习与实践》2016 年第 4 期。

石智雷、刘思辰、赵颖：《不稳定就业与农民工市民化悖论：基于劳动过程的视角》，《社会》2022 年第 1 期。

史茜：《浅析人口老龄化对城市化的不利影响》，《人民论坛》2012 年第 36 期。

孙玉玲、王明亮：《就近就地城镇化问题研究》，《城市观察》2014 年第 5 期。

王佳：《地方政府竞争对城市化发展失衡的影响》，《城市问题》2017 年第 3 期。

王景全：《中西部欠发达地区就近城镇化研究——以河南省民权县为例》，《中州学刊》2014 年第 11 期。

王小鲁：《中国城市化路径与城市规模的经济学分析》，《经济研究》2010 年第 10 期。

王智勇：《当前人口流动的主要特征及对城市化的影响》，《人民论坛》2021 年第 17 期。

王卓、王璇：《川渝城市群城市化对产业结构转型的影响研究——基于京津冀、长三角、珠三角三大城市群的比较》，《西北人口》2021 年第 3 期。

吴碧波：《中国农村就地城镇化模式选择研究》，《中央财经大学》2016 年第 22 期。

向丽：《就业质量对农业转移人口就近城镇化意愿的影响》，《江苏农业科学》2017 年第 9 期。

向丽：《农业转移人口就近城镇化意愿的代际差异分析——基于就业质量视角》，《改革与战略》2017 年第 1 期。

谢志强：《新型城镇化：中国城市化道路的新选择》，《社会科学报》2003年7月3日。

宣超、陈甬军：《"后危机时代"农村就地城镇化模式分析——以河南省为例》，《经济问题探索》2014年第1期。

闫世伟：《就近城镇化应把握的着力点》，《理论探索》2014年第4期。

闫小培、魏立华、周锐波：《快速城市化地区城乡关系协调研究——以广州市"城中村"改造为例》，《城市规划》2004年第3期。

杨云善：《河南就近城镇化中的小城镇"空心化"风险及其化解》，《中州学刊》2017年第1期。

叶裕民：《中国城市化质量研究》，《中国软科学》2001年第7期。

袁倩文：《陕西省就近城镇化时空格局、影响因素与路径规划》，西北大学，硕士学位论文，2021年。

张松林、程瑶、郑好青等：《中国城市便利性对城市化失衡的影响研究》，《统计与信息论坛》2022年第7期。

张笑秋：《新生代农民工人力资本与市民化研究——以新人力资本理论为视角》，《学海》2022年第4期。

张艳明、章旭健、马永俊：《城市边缘区村庄城镇化发展模式研究——以江浙经济发达地区为例》，《浙江师范大学学报》（自然科学版）2009年第3期。

赵慈等：《中西部人口就近城镇化政策环境评价及对策建议》，《环境影响评价》2018年第2期。

郑子青：《就近城镇化应成为推进新型城镇化的重要方向》，《人民论坛》2021年第9期。

周庆运：《山区扶贫与就近城镇化协同发展研究》，浙江师范大学，硕士学位论文，2016年。

周爽：《生产力困境与就近城镇化主观意愿的矛盾分析——以L庄为例

的实证研究》,《生产力研究》2021 年第 3 期。

曾鹏、向丽:《中西部地区人口就近城镇化意愿的代际差异研究——城市融入视角》,《农业经济问题》2016 年第 2 期。

左巧梅:《农业转移人口就近城镇化影响因素研究》,浙江工业大学,硕士学位论文,2017 年。

左雯:《河南省就近城镇化的模式选择及对策研究》,《决策探索(下)》2019 年第 11 期。

Abubakar I. R., Dano U. L., "Socioeconomic Challenges and Opportunities of Urbanization in Nigeria", *Urbanization and Its Impact on Socio-economic Growth in Developing Regions*, 2018.

Arouri M. E. H., Youssef A. B., Nguyen-Viet C., et al., "Effects of Urbanization on Economic Growth and Human Capital Formation in Africa", 2014-09-25, https://shs.hal.science/halsh-01068271.

Bogue D. J., *Principles of Demography*, New York: John Wiley and Sons, 1969.

Burak S., Dogan E., Gazioglu C., "Impact of Urbanization and Tourism on Coastal Environment", *Ocean & Coastal Management*, Vol. 47, No. 9-10, 2004.

Carrasquillo O., Carrasquillo A. I., Shea S., "Health Insurance Coverage of Immigrants Living in the United States: Differences by Citizenship Status and Country of Origin", *American Journal of Public Health*, Vol. 90, No. 6, 2000.

Chen L., Li J., *The Study on Sitizenization of Migrant Workers in the Process of China's Urbanization*, Atlantis Press, 2013.

Everett S. Lee, "A Theory of Migration", *Demography*, Vol. 3, No. 1, 1966.

Fan X., Xiang H., "The Migration Destination of Rural Labor and Nearby Urbanization of Small Cities: A Case Study of Henan Province, China", *Papers in Applied Geography*, Vol. 6, No. 2, 2020.

Gross J., Ouyang Y., "Types of Urbanization and Economic Growth", *International Journal of Urban Sciences*, Vol. 25, No. 1, 2021.

Heberle R., "The Causes of Rural – Urban Migration a Survey of German Theories", *American Journal of Sociology*, Vol. 43, No. 6, 1938.

Henderson J. V., "Urbanization and Growth", *Handbook of Economic Growth*, Vol. 1, 2005.

Henderson J. V., "Urbanization in Developing Countries", *The World Bank Research Observer*, Vol. 17, No. 1, 2002.

Liang W., Yang M., "Urbanization, Economic Growth and Environmental Pollution: Evidence from China", *Sustainable Computing: Informatics and Systems*, Vol. 21, 2019.

Liu Y., Gao C., Lu Y., "The Impact of Urbanization on GHG Emissions in China: The Role of Population Density", *Journal of Cleaner Production*, Vol. 157, 2017.

Martínez – Zarzoso I., Maruotti A., "The Impact of Urbanization on CO_2 Emissions: Evidence from Developing Countries", *Ecological Economics*, Vol. 70, No. 7, 2011.

Mughal M. A. Z., "Rural Urbanization, Land, and Agriculture in Pakistan", *Asian Geographer*, Vol. 36, No. 1, 2019.

Northam R. M., *Urban Geography*, New York: John Wiley & Sons, 1979.

Nunn N., Qian N., "The Potato's Contribution to Population and Urbanization: Evidence from a Historical Experiment", *The Quarterly Journal of Economics*, Vol. 126, No. 2, 2011.

Ong A. , "Mutations in Citizenship", *Theory, Culture & Society*, Vol. 23, No. 2 – 3, 2006.

Ravenstein E. G. , "The Laws of Migration", *Journal of the Royal Statistical Society*, Vol. 48, No. 2, 1885.

Setyono J. S. , Yunus H. S. , Giyarsih S. R. , "The Spatial Pattern of Urbanization and Small Cities Development in Central Java: A Case Study of Semarang – Yogyakarta – Surakarta Region", *Geoplanning: Journal of Geomatics and Planning*, Vol. 3, No. 1, 2016.

Terfa B. K. , Chen N. , Zhang X. , et al. , "Urbanization in Small Cities and Their Significant Implications on Landscape Structures: The Case in Ethiopia", *Sustainability*, Vol. 12, No. 3, 2020.

Todaro M. P. , "A Model of Labor Migration and Urban Unemployment in Less Developed Countries", *The American Economic Review*, Vol. 59, No. 1, 1969.

Turok I. , McGranahan G. , "Urbanization and Economic Growth: The Arguments and Evidence for Africa and Asia", *Environment and Urbanization*, Vol. 25, No. 2, 2013.

Williamson J. G. , "Migration and Urbanization", *Handbook of Development Economics*, Vol. 1, 1988.

Wirth P. , Elis V. , Müller B. , et al. , "Peripheralisation of Small Towns in Germany and Japan – Dealing with Economic Decline and Population Loss", *Journal of Rural Studies*, Vol. 47, 2016.

Wu Q. , Xiao H. , "Dynamic CGE Model and Simulation Analysis on the Impact of Citizenization of Rural Migrant Workers on the Labor and Capital Markets in China", *Discrete Dynamics in Nature and Society*, 2014.

Zhang W. J. , "A Forecast Analysis on World Population and Urbanization

Process", *Environment, Development and Sustainability*, Vol. 10, No. 6, 2008.

Zhou Y., Kong Y., Wang H., et al., "The Impact of Population Urbanization Lag on Eco – Efficiency: A Panel Quantile Approach", *Journal of Cleaner Production*, Vol. 244, 2020, 118664.

Zhu Yu., *New Paths to Urbanization in China: Seeking More Balanced Patterns*, New York: Nova Science Publishers, 1999.

Zhu Y., "In Situ Urbanization in Rural China: Case Studies from Fujian Province", *Development and Change*, Vol. 31, No. 2, 2000.